城垣城楼

福建古建筑丛书编委会 编

福建古建筑丛书

海峡出版发行集团 THE STRAITS PUBLISHING & DISTRIBUTING GROUP | 福建教育出版社

福建古建筑丛书编委会

编辑单位

福建省人大常委会环境与城乡建设工作委员会

福建省人大常委会教育科学文化卫生工作委员会

福建省住房和城乡建设厅

福建省文化和旅游厅

福建省新闻出版局

中共福建省委党史研究和地方志编纂办公室

福建省文物局

海峡出版发行集团

福建省文学艺术界联合会

福建省作家协会

福建省摄影家协会

福建省文物考古博物馆学会

编 辑 部

主　　任：何　强

常务主编：郑国珍

副 主 任：戴志坚　张　鹰　孙汉生　郭凯铭　胡志世

分册主编：许为一　龚张念　李华珍　林　峰　楼建龙

本册主编：许为一

前　言

福建，简称"闽"，雄踞祖国东南，与宝岛台湾隔海相望。武夷山—玳瑁山山脉横亘闽西北，鹫峰山—戴云山—博平岭山脉南北纵贯闽中；闽江、九龙江、汀江、晋江、龙江、敖江、交溪、木兰溪等河网自成体系，蜿蜒跌落湍流，缓缓汇入大海；山间、河畔等生态廊道散布着星星点点的谷坡、盆地，河口、海滨等江海衔接带绵延着大小不等的平原、台地。大陆海岸线长 3752 千米，分布着 2215 个海岛、125 个大小海湾。全省陆域面积 12.39 万平方千米，近海渔场面积 12.5 万平方千米，素有"八山一水一分田""海潮声中万亩田"之称。

得天独厚的生态环境资源优势，孕育了相对独立的区域特色文化。考古资料显示，早在距今 18.5 万年前就有人类繁衍生息于此，约 3 万年前已出现世间罕见之人工构筑的石铺地面，以优化生活生产环境。自旧石器时代末期到新石器时代，横跨以万年计的全球气候冷热巨变阶段，群山峻岭里，沧海桑田中，不乏福建先民筚路蓝缕、聚居劳作的历史遗迹遗物存世。相当于中原的商周时期，福建区域出现了与中原王朝保持着密切联系的"七闽"部落、"闽方国"；秦朝废闽越王为"君长"，置闽中郡；汉代初复立闽越王"王闽中故地"，

1

福建区域与中原王朝的关系愈加紧密，这些在《周礼》《史记》《汉书》等古籍中均有记载。自东汉以降数百年，中央政权相继在福建区域，将"冶县"改为"侯官县"，设立过"建安郡""晋安郡""南安郡"及"闽州"等行政管理建制以加强统治。福建区域原住民不断与"衣冠避难、多所萃止"的中原各地辗转迁徙入闽者融合，逐渐形成以汉族居民为主体、中原传统文化占主导的地区，省域亦因唐开元年间置"福建经略使"而得名。

唐宋以来，福建社会经济文化日趋繁荣。纵横千里的驿道组成的路网，将福建一座座城镇乡村、港口码头串珠般连接，通往海内外。兴文重教，英才辈出，素有"海滨邹鲁"之誉。产业拓展，商贾接踵，曾为中国的世界贸易中心之一。巍峨的城垣城楼，林立的土楼堡寨，争艳的府第民宅，幽雅的文庙书院，质朴的古道亭桥，无不积淀了深厚的文化底蕴，递嬗出多元文化交融的区域特色。"福建土楼""鼓浪屿：历史国际社区"和武夷山汉城遗址等成为联合国教科文组织认定的世界文化遗产，福州、泉州、漳州、长汀等被公布为国家历史文化名城，福州文庙、泉州文庙等被列入全国重点文物保护单位，无不绽放出辉煌的历史文化光芒。

习近平同志自1985年来到福建，辛勤工作了近18年，对福建的山山水水了解深刻，为福建的建设发展与历史文化保护传承倾注了大量心血。他在福建提出"既要重视经济的发展，又要重视生态环境、人文环境的保护。发展经济是领导者的重要责任，保护好古建筑，保护好传统街区，保护好文物，保护好名城，同样也是领导者的重要责任"等执政理念，作出"保护历史文物是国家法律赋予每个人的责任，也是实施可持续发展战略的重要内容，任何个人和单位都不能为了谋取眼前或局部利益而破坏全社会和后代的利益"等重要指示；他身体力行地设法保存修复林则徐、林觉民等历史名人故居，力主保护三坊七巷、和平古镇等传统街区、村镇，及时抢救三明万寿岩考古遗址等重要史迹，以实际行动充分体现了对优秀历史文化遗产、优秀文化传统的珍视与厚爱，是迈入中国特色社会主义新时代的宝贵精神财富。

党的十八大以来，以习近平同志为核心的党中央坚持从留住文化根脉、守住民族之魂的战略高度，十分关心、大力推动文化和自然遗产的保护工作，反复强调要像爱惜自己的生命一样保护好文物和文化遗产。2017年，中共中央办公厅、国务院办公厅印发了《关于实施中华优秀传统文化传承发展工程的意见》，就建立中华优秀传统文化传承发展体系进行了全面部署，强调"加强新型城镇化和新农村建设中的文物保护。加强历史文化名城名镇名村、历史文化街区、名人故居保护和城市特色风貌管理，实施中国传统村落保护工程，做好传统民居、历史建筑、革命文化纪念地、农业遗产、工业遗产保护工作"。2019年，《人民日报》重新发表了习近平总书记17年前所作的《〈福州古厝〉序》，新华社发表了《文明之光照亮复兴之路——以习近平同志为核心的党中央关心文化和自然遗产保护工作纪实》，这些对于我们进一步做好文化遗产保护工作，更好地传承文明、增强文化自信，意义深远。

福建省人大常委会认真学习领会习近平总书记重要讲话指示批示精神，坚决贯彻习近平新时代中国特色社会主义思想，积极按照国家宪法和法律赋予的职责，紧密围绕福建文化特色，紧扣新时代文物和文化遗产保护管理和传承活化过程中的社会需求，既从全省的文物保护管理、历史文化名城名镇名村和传统村落保护、文化和自然遗产保护利用等工作实际考虑，先后制定出台了相关"条例"和"决议"，又积极与国际文化和自然遗产保护管理理念接轨，相继推出了涵盖"武夷山""福建土楼""鼓浪屿：历史国际社区"等世界文化和自然遗产保护管理的地方性法规；同时，有计划有重点地开展省、市、县（区）三级人大的联合执法检查、专题询问等年度监督工作。通过实地察看、听取汇报、召开座谈会等，深入了解文物和文化遗产保护等法律法规贯彻落实的工作成效和存在问题，及时作出相应的执法检查报告、咨询与指导要求等，保障和促进了优秀民族传统文化的延续与拓展。

为进一步认真贯彻落实习近平总书记关于增强文化自信、传承和保护好中华优秀历史文化遗产等重要讲话精神，值此联合国教科文组织第44届世界遗产大会即将在福州召开之际，按照福建省人大常委会的要求，由省人大常委会环城工委和教科文卫工委牵头，会同省住房和城乡建设厅、省文化和旅游厅、省新闻出版局、省党史和方志办、省文物局、海峡出版发行集团、省文联和省文物考古博物馆学会等多个部门和学术团体，组织相关专家学者围绕"城垣城楼""土楼堡寨""府第民宅""文庙书院""古道亭桥"五个专题，采用"建筑说明与散文随笔、摄影图片"等相映成趣的表达形式，编撰了这套一辑五册的"福建古建筑丛书"，旨在彰显福建各地城垣城楼、土楼堡寨、府第民宅、文庙书院、古道亭桥等古建筑的历史人文风貌与建筑艺术价值，为社会奉上一道道福建历史文化遗产的美味佳肴，进一步促进全社会形成珍惜爱护历史文化遗产、传承弘扬优秀传统文化的浓厚氛围。

在如此深厚的文化蕴藏面前，虽然我们做了积极努力，终究受限于资料的完整性和表达的精准性等不足，挂一漏万之处难免，恳请亲爱的读者不吝指正，使"福建古建筑丛书"的编写工作不断臻于完善。

福建古建筑丛书编委会

2020 年 6 月

编辑说明

一、本丛书选取福建各地城垣城楼、土楼堡寨、府第民宅、文庙书院、古道亭桥各类古代建筑，以"建筑说明 + 散文随笔 + 图片"的形式，全面呈现福建本土最具地域特色和独特艺术价值的古建筑风貌及历史人文内涵。

二、本丛书（第一辑）共 5 册，分别为：

1.《城垣城楼》，收录福建古建筑中以外筑城垣为特征，具有行政建制与军事防卫功能的构筑物及其附属设施遗存。包括 4 类，共 39 个建筑点：（1）府县古城 9 个，包括福州府城、泉州府城、汀州府城、建宁府城、邵武府城、松溪县城、上杭县城、崇安县城、和平分县城。（2）卫所、水寨、巡检司 17 个，包括平海卫城、镇海卫城、梅花所城、万安所城、定海所城、厦门所城、大京所城、莆禧所城、崇武所城、福全所城、六鳌所城、铜山所城、悬钟所城、琴江水师旗营、鼓浪屿龙头山寨、闽安巡检司城、小岞巡检司城。（3）镇村城堡 9 个，包括柘荣双城城堡、福安廉村城堡、霞浦传胪城堡、霞浦八堡城堡、福鼎潋城城堡、福鼎玉塘城堡、福鼎石兰城堡、漳浦赵家堡、漳浦诒安堡。（4）炮台 4 个，包括马尾亭江炮台、连江长门炮台、漳州港南炮台、厦门胡里山炮台。

2.《土楼堡寨》，收录福建古建筑中兼具居住与防卫功能的土楼和堡寨类建筑遗存。包括分布于全省各地的 38 个建筑点：永定集庆楼、永定永康楼、永定福裕楼、永定承启楼、永定衍香楼、永定振福楼、新罗苏邦东洋楼、漳平泰安堡、华安二宜楼、华安雨伞楼、南靖绳庆楼、南靖步云楼、南靖和贵楼、南靖怀远楼、南靖裕昌楼、平和绳武楼、平和余庆楼、平和庄上大楼、平和龙见楼、漳浦锦江楼、安溪崇墉永峙楼、德化厚德堡、仙游东石土楼、福清东关寨、永泰三捷青石寨、永泰荣寿庄与昇平庄、永泰赤岸铳楼群、永泰万安堡、闽清娘寨、尤溪茂荆堡、尤溪公馆峡民居、沙县水美双元堡、三元松庆堡、永安安贞堡、永安复兴堡、大田琵琶堡、大田潭城堡、将乐墈厚堡。

3.《府第民宅》，收录福建古建筑中具有特色的官宦府第和典型民居宅第类建筑遗存。包括分布于全省各地的 39 个建筑点：福州黄巷郭柏荫故居、福州衣锦坊郑氏府第、闽清宏琳厝、长乐九头马民居、闽侯水西林建筑群、闽侯白沙永奋永襄厝、永泰嵩口德和厝、柘荣凤岐吴氏大宅、屏南北墘佛仔厝、莆田大宗伯第、涵江凤门林氏大厝、涵江江氏民居、仙游海安朱氏民居、南安蔡氏古民居、南安中宪第、南安林氏民居、安溪湖头景新堂、泉港土坑旗杆厝、晋江钱头状元第、永春岵山福兴堂、漳州蔡氏民居、漳浦蓝廷珍府第、武夷山下梅大夫第、南平峡阳大园土库、光泽崇仁袁氏民居、建阳书坊陈氏民居、顺昌元坑陈氏民居、邵武中书第、邵武金坑儒林郎第、尤溪玉井坊郑氏大厝、尤溪大福圳民居、沙县大水湾陈氏大厝、三元龙安骑尉第、永安沧海龙德堂、长汀三洲戴氏民居、长汀馆前沈宅、长汀中街李氏下大屋、连城芷溪集鳣堂、连城培田村官厅。

4.《文庙书院》，收录福建古建筑中以祭祀和纪念孔子、从事教育为主要功能的文庙与书院类建筑遗存。分为文庙与书院两类，共 39 个建筑点：（1）文庙 24 个，包括福州文庙、闽清文庙、永泰文庙、螺洲孔庙、同安孔庙、漳州府文庙、漳浦文庙、平和文庙、海澄文庙、泉州府文庙、惠安孔庙、永春文庙、安溪文庙、仙游文庙、黄石文庙、涵江孔庙、永安文庙、汀州文庙、上杭文庙、漳平文庙、建瓯文庙、崇安文庙、双溪文庙、西昆孔氏家庙。（2）书院15个，包括正谊书院、濂江书院、文泉书院、霞东书院、云山书院、南屏书院、石井书院、龙山书院、侯龙书院、普光书院、南溪书院、萃园书院、兴贤书院、南浦书院、魁龙书院。

5.《古道亭桥》，选取古代进出福建的东线、北线、西线、南线四条陆路通道上的各个地点，并串联起各条古道上的关、隘、亭、桥等建筑遗存。分为四个部分，共40个地点：（1）福温古道9个点，包括福鼎、寿宁、柘荣、霞浦、屏南、周宁、蕉城、连江、福州北。（2）仙霞分水11个点，包括浦城、武夷山、邵武、光泽、松溪、政和、建瓯、建阳、顺昌、延平、闽侯。（3）闽客间关11个点，包括泰宁、建宁、宁化、长汀、武平、上杭、连城、永安、大田、尤溪、闽清。（4）福广通津9个点，包括漳州、泉州、永春、仙游、莆田、福清、长乐、永泰、福州南。

三、丛书各册古建筑点遴选及条目编排，遵循如下原则：

1.各册所收录古建筑，大部分是省级以上文物保护单位，再酌情收入具有特色风格的其他类型古建筑，力求既突出地域特色建筑，又体现兼容并蓄风格。

2.同一种古建筑类型，综合其地域分布、平面布局、构造风格、构建年代、使用功能、艺术特色、保存现状等文物价值进行择选，同时兼顾古建筑的历史人文内涵。

3.丛书只收录传统建筑类型，近代纯粹南洋风格建筑不列入选目范围。

4.各册条目编排，《古道亭桥》一册，按古道线路顺序编排。其他各册，有分类别的，按类型编排，各类型之下，一般按行政级别、行政区划顺序再排；

没有分类的，则直接按行政区划顺序编排。

四、丛书各册有关稿件来源及审定情况：

1. 丛书5册的概述及每一处建筑说明，由各分册主编撰写，并经丛书编委会审定。

2. 丛书的散文随笔，由省作协、各设区市作协等单位向全省各地作家征集组稿，并经遴选，最终由丛书编委会审定。

3. 丛书的图片，由省作协与摄协、各设区市作协与摄协、省党史和方志办、省文物局等单位及丛书专家、作者提供，并经遴选，最终由丛书编委会审定。

福建古建筑丛书编委会

2020年6月

概　　述

城垣，又称城墙，其建筑形式较单一，由线性墙体、垛口、城门等建筑元素构成。随着筑城技术的发展及城市防御要求的提高，其后在线性城墙之上增加了城楼，城墙之外增加了城壕等防御性构筑物。中国现存古代城垣城楼数量繁多，类型复杂，可以从狭义和广义两种不同的角度来解读。

从城垣的狭义层面上来看，与古代城市发展、起源，古代城市规划、建设，古代城市军事防御等相关的建筑物或构筑物均可称为城垣。它的概念往往专指城市的城墙，即"城池"。城垣和城池不仅是构成都城或府城的主要防御体系，而且也是界定城市民众生活范围的构筑物，其城墙的概念范畴主要指规模较大的都城或府城。

而从广义层面上来看，凡是为保护生活在某一公众区域的人们安居乐业而建立的所有构筑物，能够保护一个国家、一座城市、一个村落的权利、资源、财富和生存空间的构筑物均可以称为城垣。界定一座城垣是否属于广义层面上的城垣性质，主要是看它是否出于军事防御功能的设置。因此，无论规模大小，府城、州城、卫所、营堡、寨堡、水寨，甚至炮台、烽火台等构筑物均可纳入城垣城楼的概念体系中。本书所论城垣城楼均从城垣的广义概念出发。

福建古代号称"东南山国"，地质地貌特征鲜明，对城垣城楼建筑形式及特征影响深远。内陆地区丘陵起伏，山林茂密；沿海地区水系丰富，河流密布；又因位于我国东南边境，海岸线绵长，与台湾岛隔海相望，自古便是军事防御重地。因此，根植于八闽大地的城垣城楼不仅地域特色鲜明，而且类型丰富。所建府城、县城、卫城、所城、水寨、巡检司城、镇村城堡、炮台、烽火台等种类数量繁多，遍布八闽大地。

内陆地区的防御性城垣除府城、州城外，以村寨、村堡为主，存在大量依靠民间力量自发建造而成的镇村城堡，这种类型的城垣多数是以家族为单位聚族而居，其内部功能主要为居住和生产。城垣平面形式较为规整，四面开门，多数不设置瓮城，保存较完整。

沿海地区因海防需要，自唐至明逐渐建立了较完善的海防体系，建造了大量防御性的府城、卫所、巡检司城及炮台。此区域内的城垣城楼古代多为官方建造，其规模形式依据防御需求按照不同等级建造，内部功能较为复杂，多数为兵民混用，既包含生产和居住功能，也包含军事防御功能。城垣平面形式多样，根据地形及防御需求而变，部分城垣设置瓮城。明代以来战争频发，多数沿海地区的城垣经历修缮和重建，现存城垣城楼保存状况一般。

福建防御性城垣建筑时间最早可追溯至汉代，汉高祖五年（公元前202年），闽越王无诸依冶山地势构筑了"冶城"。三国吴永安三年（260年），建安（今建瓯）郡太守王蕃建造了八闽第一座郡城。随着防御需求的日益增加及建筑材料和筑造技术的不断提高，从汉代至明代期间，各种防御性构筑物层出不穷。现存代表性的城垣城楼多为明清时期建造。

明代是我国海防发展史上的一个重要阶段。福建是明代东南海防的关键区域。明洪武二年（1369年），逐步建立了"八府一州"的福建防御格局，并在沿海地区大量建造防御性城垣城楼。据《明太祖实录》记载："（洪武）二十年夏四月戊子，命江夏侯周德兴往福建，以福、兴、漳、泉四府民户三丁取一，为缘海卫所戍兵以防倭，其原置军卫非要害之所，即移置之。德兴至福建按籍抽兵，相视要害，可为城守者具图以进，凡选丁壮万五千余人，筑城一十六，增置巡检司四十有五，分隶诸卫以为防御。"周德兴奉旨勘察福建东南沿海地区，筑造了沿海福宁、镇东、平海、永宁、镇海5座卫城,大京、定海、梅花、万安、莆禧、崇武、福全、金门、高浦、六鳌、铜山、悬钟12座千户所城,以及45个巡检司城,构筑了福建沿海布局严密、层级分明的军事防御体系。

防御性是城垣城楼的主要功能,随着君主制度的终结,城垣城楼的防御作用也逐渐消失。民国时期及上世纪50年代,因城市建设及道路拓宽需要,大量城墙连同其附属设施被拆除。1949年后,沿海建造的卫所、炮台等防御性构筑物也因失去军事功能而逐渐衰败。

根据福建现存防御性构筑类型,大致可以分为四类,包括府县古城,卫所、水寨、巡检司城,镇村城堡及炮台、烽火台。本书选取较有代表性的39个构筑物作详细论述。

府县古城建制较早,并经历过数次重建修缮。其功能和性质较为复杂,既是一个区域内的政治、经济中心,承载了城市内居民的生产生活需要,如建宁府城,同时也是具有较强防御性的军事堡垒,如福州府城、泉州府城,因濒临大海,其海防地位十分重要。此类城垣通常规模较大,平面形式多数依据《考工记》中关于都城建设的基本规则进行建造,城市格局规整,分区明确,建筑类型丰富;城垣形式成熟,城楼、城门、城壕等防御性建筑元素完备。但因城市发展需要,城垣城楼被大量拆除破坏,现存的历史遗存数量较少,多数为后世修缮和重修。

现存府县古城多建造于明清时期,城垣构筑思想、防御体系发展成熟,建筑材料及筑造技术较之前有大幅提升。城垣广泛采用城砖和花岗岩石料砌筑,中间填实夯土,对墙基与墙脚进行加固。砌筑方式多采用丁顺法,有一顺一丁和多顺一丁两种方式。前者砌筑方式整体性强,较为稳固;后者砌筑快捷方便。城垣剖面多为上窄下宽的梯形结构,墙体结构稳定,多数城垣设置马面等具有抗击功能的构筑物。

本书收录的卫所、巡检司城多出于海防需要而建造。其中，卫城多位于沿海战略防御的重要区域，与其管辖范围内的所城、巡检司城等海防聚落共同组成强有力的防御体系，是区域性军事海防的中心聚落。其城池规模较大，平面多为团状形态，功能丰富，可容纳驻兵数千及随军家属，兵民混住。据史料记载，现存海防卫城的城池平均周长约为 2730 米，平均占地面积约为 47 万平方米，其内部空间组织形式及城池规模与府县古城类似。卫城城垣多以花岗岩石砌筑，城墙上多筑有雉堞等防御性构筑物，防御性较强。

所城按照规模大小，可分为千户所城、百户所城两种形式。其中，千户所城是区域性军事防御体系中第二级的防御聚落，其规模略小于卫城，但内部组织形式及功能布置与卫城近似。百户所城聚落规模较千户所城小，是对千户所城防御体系进行补充和完善的更低一级军事聚落。现存所城城池的平均周长约为 1880 米，平均占地面积约为 27 万平方米。多数所城的城垣以岩石砌筑，少数以夯土砌筑，其防御作战能力较卫城略弱。

用于海防的堡寨类建筑还存在另一种特殊形式，即水寨。一般位于沿海最前线，其防御等级比一般堡寨高，功能也与一般堡寨不同。主要是作为海军驻扎地，不包含居住生产的功能，仅有作战和防御的功能，是福建海防体系中关键的一环。

此外，为建设完备的海防体系，沿海的各个卫城、所城和寨堡之间设立了海防巡检司城。这类城垣是驻扎巡弋海疆弓兵的小型军事聚落。其功能性质与水寨近似，城垣规模更小，停靠船只数量及规模也较小，机动性强。

本书所收录的镇村城堡多数为民间自发建造的防御性城堡，其主要功能是满足内部居民的生产生活，为保护居民的安全服务。其规模较府县古城普遍偏小，但空间格局、功能分区及建筑类型与之相似。此类城垣多以抗倭御敌为主要目的，一次性规划建造，因此平面形态较为规整，城垣构成要素也较为完备，建筑材料及建造手法因地制宜。

海防炮台、烽火台是伴随着明清时期海防体系的成熟而发展起来的一种军事防御性构筑物。现存古代海防炮台最初建造于明代初期，后逐步完善，于清末建成了较为完备的近代海防炮台。其炮台主体建筑形制多为集中高台式，设置于沿海突出的岛屿、口岸和要塞之上，视野开阔。另外，掩体围墙建造技术有很大程度的进步，通过降低高度、增加厚度来加强防护力，并用三合土作为建筑材料。近现代炮台则增加了附属建筑，包括兵营宿舍、弹药库、活动室等，并在炮台背面的缓冲区设大校场、阅兵台、议事厅、指示旗台等，形成了较为完备的防御体系。

福建境内的烽火台多为明代的抗倭军事布防工事，多设置于沿海区域的高岗或丘阜之上，视野开阔，用于侦查敌情及快速传递战时消息。在经历战火和时间的洗礼后，多数烽火台仅余断壁残垣，保存较完整的烽火台仅剩福清万安烽火台及霞浦金山寨烽火台等为数不多的几处。福清万安烽火台及霞浦金山寨烽火台的形制及构造方式相似，其形制为覆斗形结构，用毛石垒筑而成，由主体部分的烟墩、灶坑，以及附属部分的营房和草料房共同组成。因现存完整烽火台数量较少，本书未对其进行收录。

福建的筑城史自汉代起延续至 1949 年前，基本贯穿了整个古代社会，在漫长的历史中，既为古代民众提供了生产生活的安全保障，也为统治阶级提供了承载政权的实体。在广阔的八闽大地上，分布了数量种类繁多、形态各异、规模不同的城垣类建筑，它们的建筑形态、筑造技术、文化内涵千差万别，记载了各个时期社会多元的历史文化信息。研究和整理福建城垣城楼的类型及特征，不仅对梳理福建的筑城史及海防史具有一定的学术价值，而且对弘扬中国传统建筑文化具有重要历史和社会意义。

Contents 目 录

卫所、水寨、巡检司 / 081

Contents 目　录

镇村城堡 / 219

炮台 / 297

府縣古城

崇安縣城

和平分縣城

邵武府城

松溪縣城

建寧府城

福州府城

汀州府城

泉州府城

上杭縣城

福州府城

福州府城始建于汉高祖五年（公元前202年），刘邦复封无诸为闽越王，福州成为闽越国的都城。无诸依山建城，称为"冶城"。此时的城池以夯土砌筑城墙，城池规模较狭小，仅包括今屏山东南麓至冶山一带。

西晋时期，福建隶属于吴国，设晋安郡，福州为郡城。晋武帝太康三年（282年），郡守严高主持修筑子城，城池规模较汉代扩大，城墙以夯土包石砌筑，设置6座城门，奠定了福州城池的基础。

唐开元十三年（725年），福州正式定名，并设为都督府。中和年间，观察使郑镒主持拓展东南城墙。天复年间，王审知在原西晋子城外增筑了罗城。城池规模较唐初增大4倍有余，开设8座城门，城墙均由特制墙砖砌筑，形状为不规则圆弧形，方圆约40里，高约20尺，厚约17尺。五代梁开平初年（907年），王审知再次拓展城池，增筑了南北夹城，并设置6座城门，方圆约26里，呈圆形，构筑成防御性能更强的城池。同时，新城将屏山、乌山、于山围于城内，并在于山与乌山上分别设置白塔与乌塔，形成了福州"三山两塔"的城市格局。

宋开宝七年（974年），福州刺史钱昱增筑东南外城，增筑城墙高约1.6丈，厚约8尺，墙基以坚石砌筑，墙身以砖垒筑，外城开设6座城门。此后，太守程师孟于宋熙宁二年（1069年）又修葺子城西南城墙，知州元积中于熙宁八年（1075年）增筑城墙，疏浚护城河。

明洪武四年（1371年），都尉王恭修建福州旧城，以石砌墙，北跨屏山主峰，外城绕乌山、于山二山建城墙，并在越王山巅造一谯楼，作为各城门城楼的榜样，号样楼，称镇海楼。至此，福州城池形成了今日的"三山两塔一楼"的城市格局。清代福州府城基本延续了明代的格局，在此基础之上对局部城墙进行修缮。

清末至民国时期，由于城市建设和发展的需要，城墙陆续被拆除，至1949年前，福州府城的城墙已无迹可寻。在上世纪80年代至90年代的城市建设中，发现了数段残存的明清城墙，包括于山明代古城墙、乌山明代古城墙、公正古城墙遗址等。

唐城宋迹说福州

孙源智

一

在中国，城墙是古代城市文明的典型标志，"城"这个汉字本身即包含了城墙与城市的双重含义。唐宋时期是闽都文化发展的关键时期，同时也是福州城市发展的重要阶段。正是这一时期，福州连续三次拓城，接纳了大量中原移民，从昔日的边陲远地，一跃成为文献名邦。中唐诗人刘长卿在为前往福州赴任的友人送行时，还视福州为"夷落人烟迥"的蛮荒之地。时隔三百年后，同是送友人到福州为官，王安石发出的已是"名城虽云乐"的感慨。

传统意义上，城墙是划分城与郊的界线，因而也就成为了古代城市文明发展的见证。福州现有的几段城墙残址，基本上都是明清府城的遗存。直到近些年，一段晚唐五代时期的城墙遗迹才在有关部门的考古发掘下重见天日。这处位于文儒坊西段的考古遗址采取了原址保护的方式，一座唐城宋街遗址博物馆展现了一千多年前的城市边界，使人们可以感受福州城市发展的历史。博物馆名中的"唐城"即唐罗城，唐宋之际的三次拓城便从罗城的修建开始。在唐代，福州子城已成为官府衙门的驻地，民居与集市基本分布于城外。至唐天复元年（901年），王审知下令于子城外环筑罗城，将包括今三坊七巷在内的区域围入福州城中。罗城意为外大城，子城即内小城，古时称内城为城，外城为郭，又有"筑城以卫君，造郭以守民"的说法，罗城可以说就是福州为"守民"而建的外郭。

梁开平元年（907年），即罗城修筑的六年之后，王审知又令在罗城南北

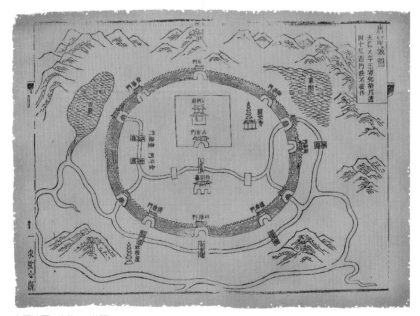

唐罗城图 / 许为一 供图

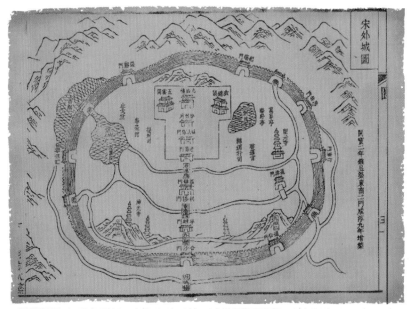

宋外城图 / 许为一 供图

两面向外拓展，筑南北夹城。此时唐王朝已经灭亡，各地王国分立，干戈不靖。夹城的修建以自然形胜为依托，北据屏山为险，南括于山、乌山于城中，对城防的加固有着明显的作用。南北夹城附于罗城，形如半月，时人黄滔有"新城似月圆"的诗句，因此又有南北月城之称，而原来的罗城则被称为大城。

到了北宋开宝七年（974年），福州刺史钱昱重筑东南夹城，是为外城。宋外城的修筑将福州东门延伸至今东大路晋安桥一带，南门延伸到今八一七路洗马桥一带。经过这三次拓城，福州城的面积已经十倍于原来的子城。直到晚清，福州再没有出现如此大规模的扩城现象，城墙的范围依然大体上保持着宋初的轮廓。至今，在距洗马桥不远的福州大饭店门前，还建有一处名为"宋外城"的纪念景观，成为福州城历史记忆的一个缩影。

二

后世称这三次修建的城墙为唐罗城、梁夹城与宋外城，这样的说法虽然不能说有什么问题，却很容易让人产生错觉。在唐罗城兴建时，昔日鼎盛的唐王朝已经处于分崩离析的边缘，王审知在福建站稳了脚跟，为闽国政权的建立打下基础。而在宋外城修筑时，虽然中国历史纪年已进入宋代，但此时的福州还在吴越国的管辖下，尚属五代之余绪。三次筑城虽然跨越了三个朝代，但在唐宋六七百年的历史中仅占七八十载光景，实为福州在五代割据时的乱世写照。待吴越纳土归宋的同年，宋太宗即"诏悉堕其城，由是诸城皆废"。

罗城、夹城的修建，均与闽王王审知有关，而外城的营建也是钱昱在原闽国城墙基础上增筑。王审知筑城的目的，是为"恢守地养民之本，隆替劳永逸之策"。当时的闽国与吴、吴越、南汉三国接壤，地狭人少，势力单薄，群雄环伺之下，加强防御工事成为必由之策。经过王审知及王氏子孙的经营，福州

三坊七巷 / 张永艳摄

城"重壁累堑至于三四，周回缭绕，外城西、北遂与罗、夹楼堞相属，益完固矣"。

同时，王审知也清楚，守城不在险而在德，仅靠坚城是不足以保障国祚长久的。他曾召集众人说道："矧今新之以城壁，城壁之以铁石。……然则吾之戴恩忝土，勤勤恳恳，不以江山奇险之为奇险，不以城壁铁石之为铁石也，修道德、树神祇以居之。"王审知治闽近三十年，保境安民，轻徭薄赋，与民休息，并以身作则，崇尚节俭之风。在文化上，王审知一方面崇文重教，延揽入闽士人，推动文教发展；一方面崇奉佛教，使福建佛教得到长足发展。在经济上，他鼓励贸易，"尽去繁苛，纵其交易"，又开辟甘棠港，招徕海中蛮夷商贾。在王审知统治时期，闽国境内晏然，百姓富足，无怪时人感慨："安莫安于闽越，诚莫诚于我公。"

然而王审知"一劳永逸"的梦想，在他身后还是很快就破灭了。王审知死后，闽国陷入连年的苛政与内战之中，二十年间五易其主，无一人能善终。闽国国力在接连不断的内斗中很快被消耗殆尽，南唐趁势出兵灭闽。五代末期，李仁达曾据守福州，南唐大军围城经年，始终不能破城，由此也可见福州城墙之坚固。然而城墙虽未破，闽国却已不复存在，最终一番争夺，闽土三分，福州成为吴越国的领地。

三

在传奇话本小说《闽都别记》的第八、九回，有讲述王审知筑罗城一事：王审知虑城垣卑狭，欲改造州城，发银二十万令管城丞周启文承造新城。其间有醉头陀法济预知将有妖鳝兴水灾毁城，在城墙上插树施法以保周全。最终罗城完竣，共用银十九万，尚剩银一万两。《闽都别记》的这个故事，很有可能是受到了北宋知州程师孟扩建子城一事的启发。

北宋熙宁元年（1068年），程师孟来任福州知州，决意重建子城。当时人们多认为子城的修筑费工料极大，难以成功，于是程师孟便上书转运使称，"第得钱二千万，半岁可成"。奏请获准后，程师孟于次年四月开工，据子城残垣修复城池，设威武台，创九楼，构三亭，并增拓西南隅，最终"费缗钱一万九百七十四"，同样也是节省了近二十分之一。

程师孟虽然没有像小说中那样在城墙上插树施法、抵御水灾的故事，但他在任福州期间，兴修水利，疏浚河湟，广植树木，为后人所颂扬。宋代福州历任郡守多重视植树，如蔡襄栽松，张伯玉植榕，均被后世引为佳话。程师孟在任期间，亲率百姓到永安门外种植柳木，绿柳荫荫长达五里。同时，程师孟也提倡植榕，并题有一诗："三楼相望枕城隅，临去重栽木万株。试问国人行住处，不知还忆使君无？"

程师孟之后，子城又经多次重修，规模较前朝有所扩大，"盖已兼罗城之址，非皆晋子城旧制也"。但唐宋之际所筑的罗城、夹城、外城却始终不复旧观，其中外城曾有两次短暂的重修，罗城与夹城则久属旷典。程师孟曾出城南，到十里外的南台观看端午龙舟竞渡，作诗称："三山缥缈蔼蓬瀛，一望青天十里平。千骑临流寨翠幄，万人拥道出重城。"依《榕城考古略》所说，"其时诸

城虽堕，而各门楼尚存"，这里的"亚城"指的实际上是重楼。

宋代的福州，由州府向南形成一条中轴线，沿途贯穿七座门楼，由北至南分别为都督府门、威武军门、虎节门、还珠门、利涉门、宁越门、合沙门，一直延伸至南台，较之前的城郭缭绕，又有着不同的气象。程师孟有"七重楼向青霄动"的诗句，指的便是此七门。七门中的利涉、宁越、合沙三门分别是旧时罗城、夹城、外城的正南城门，这条从北向南不断延伸的大道，也成为福州城市发展的记录。直至今天，城门虽已不存在，但这条曾经贯穿七门的道路依然是福州城市的重要主干道。

四

福州素有"三山"的雅称，指的便是于山、乌山和屏山。北宋景德年间，谢泌在任福州知州时，写下了"潮田种稻重收谷，山路逢人半是僧。城里三山千簇寺，夜间七塔万枝灯"的诗句，流传甚广，至今还时常被人用来谈论福州佛教的繁荣。不过，诗中的"城里三山"一句，却颇值得商榷。

从《福建省历史地图集》所绘的地图来看，"三山"中的屏山是在明代府城修建时，才正式被纳于福州城墙之内的。万历《福州府志》中记载："国朝洪武四年（1371年），命驸马都尉王恭因元故址筑焉，北跨越王山为楼曰样楼，南则因故外城绕九仙、乌石之麓。"显然，其中的"绕九仙、乌石之麓"是"因故"，"北跨越王山"之举则属新创。又据《三山志》记载，吴越占据福州后，郡守鲍修让于北宋乾德二年（964年）在屏山南麓修建华林寺时曾"诛秽夷巇"，由此也可以看出这里在当时还较为荒凉。

虽然如此，"城里三山"之说广为当时人所认可。在谢泌之后，"唐宋八大家"之一的曾巩在北宋元丰二年（1079年）所作的《道山亭记》中，更加明确地指出：

冶山摩崖石刻 / 王立涵 摄

"城之中三山，西曰闽山，东曰九仙山，北曰越土山，三山者鼎趾立。"隔了二十多年后，又有官任福州知州的陈轩题诗："城里三山古越都，相望楼阁跨蓬壶。有时细雨轻烟罩，便是天然水墨图。"谢泌、曾巩与陈轩均曾出任福州知州，按说应该是最清楚福州城范围的人了，那么他们的诗文或许正可说明宋代福州的城墙已不再是代表城郊之分的严格界线。

就宋代的福州城来看，狭小的子城自然不会是城郊的分野，原本作为城郊界线的外城城墙也不再是必不可少的要件。据记载，宋代的福州城墙毁圮严重，"断垣荒堑，往往父老徒指故迹以悲"。蔡襄在奏章中这样描述当时的城墙："至今四围城墙，只高三五尺，可以遮闭牛羊，至于私商小儿，皆可逾越。"甚至有的百姓直接就残垣建为房舍，连城濠上也有人擅自搭建浮屋。

由唐全宋，中国城市发生了由封闭式向开放式的转变，原来由一道道、一重重城墙组成的城市骨架开始解体。唐以前城市中封闭的坊市制度也被打破，坊由小巷子连接起来，街道两边居民被允许向街开门，并规定在门前植树掘井，形成"苍烟巷陌青榕老"的景致。商业也在街道上兴起，据《三山志》记载，在今东街口至鼓楼之间，"旧街东民居于沟外设店铺，中为廊，以便行者往来"。在城中沿河近桥和城门口位置，则形成了新的集市。这种新的结构被称之为"坊巷"，保留至今的三坊七巷依然还能反映出当时的建筑格局。

距离三坊七巷不远的安泰河，如今是媒体眼中福州的"小秦淮河"，两岸分布着一些装修讲究的酒吧和餐馆，不规则条石砌护的河墙显出几分古朴的气息，成为现今颇受游人眷顾的一道风景线。这里是当年王审知筑造罗城时所开浚的罗城大濠，也是宋代的城中商业集市。时至今日，曾经高大巍峨的子城、罗城、夹城、外城均已消失在历史的尘埃之中，反倒是这条缓缓流淌的小河一直以极富生命力的方式保留至今，鲜活地向人们述说着城的故事。

泉州府城

泉州府城的筑城史最早可追溯至三国蜀汉景耀三年（260年），孙吴在今南安市丰州镇建立了东安县城，这是泉州府城的前身。后因地理形势的变化，今泉州城区在西晋太康年间逐渐被泥沙冲积为范围广阔的沿海陆地。唐久视元年（700年），过去作为闽南中心的武荣州治由丰州东迁至今泉州城区。唐景云二年（711年），武荣州改称泉州。唐开元六年（718年），泉州已建成夯土城墙。最初建造时城池规模较小，周围3里，开设有4座城门，并在北门之上建造城楼。天祐年间，知州王延彬拓展城西部分城池。五代南唐保大年间，节度使留从效再拓城池，周围扩至20里，高1丈8尺，开设城门7座。

北宋乾德年间，节度使陈洪进再次拓展东北部的罗城。北宋宣和二年（1120年），郡守陆藻修筑砖城，高2丈余，宽2丈。南宋绍定三年（1230年），郡守游九功增筑各门的瓮城，在南城外筑翼城438丈。绍定五年（1232年），因防海寇侵犯，知州真德秀增建东南翼城。

元至正十二年（1352年），路达鲁花赤偰玉立拓展南部罗城，合并西南、东南两翼城，共30里，高2丈1尺，东、西、北城墙宽2丈8尺，南城墙宽2丈，整体形状为不等边三角形，仍设7座城门。

明洪武年间，卫指挥同知李山增高城墙，修筑铺舍140余间，并在除南薰门外的其余6门外增建瓮城。在仁风门和通淮门之间开设了小东门，形成了泉州府城8座城门的格局。

清代泉州府城的防御性大幅度提高，顺治十五年（1658年）修筑翼城雉堞2315个，瓮城雉堞205个。康熙四年（1665年），修建铺舍94间，敌楼6座，炮台12座，并依照关东式改建城门，在其上加建箭楼。至此，泉州府城的基本形制确定，城内街巷以上、中、下三个十字街为骨架布局。城西北、东北、东南三部凸出，中心城区东西宽而南北短，形肖鲤鱼，故称"鲤城"。

民国十二年（1923年）后，出于城市发展的需要，当局有关部门先后拆除德济门、通津门、南鼓楼及南城墙。至民国二十六年（1937年），泉州城墙全部被拆除。泉州现存城墙要素共有6处，包括崇阳遗址、涂门水关遗址、德济门遗址，以及2001年后修复的朝天门、临漳门及泉山门。其中德济门遗址于2006年被公布为全国重点文物保护单位。

城门依旧声尘喧

吴晓川

每至一古城，都禁不住地用心去瞻仰那些斑驳的古城门，去发思古之悠情。宋代诗人张继先的《度清霄》有云："扶桑推出红银盘，城门依旧声尘喧。明暗二景交相转，生来死去纷易换。"时至今日，作为在历史上具有重要作用的古城门虽然早已失去了它的防御功能，但却成为这座城市文明的象征。

泉州的古城门离我是那么远。随着时间的流逝和城市的扩张，记录着泉州城千年历史的座座古城门已经天摧人毁，几乎是荡然无存。在泉州现存的这些古城门当中，唯一属古代遗存的就是德济门遗址了。

德济门遗址／东渔 摄

泉山门/许兆恺 摄

　　德济门遗址位于天后宫正大门对面，呈垒石结构，宋元至清代城屡有修葺。上个世纪30年代，当时的市政当局多次大肆拆城，唯德济门留存，可惜1948年又毁于大火，其址被埋藏在地下半个世纪……直至2001年泉州市政府在南片区的整治中，邀请省考古队对德济门遗址进行考古发掘和整理，一座结构完整、气势恢宏的古城门遗址才重见天日。遗址分城门、城垣、城墙基址和月城城门、城垣基址两大部分，其中的月城即瓮城，是古代城池主要防御设施之一，当敌人攻入瓮城时关闭城门，即可形成"瓮中捉鳖"之势。从考古发掘出来的情况看，德济门城墙的墙基都是由宋元时期遗弃的寺庙的石柱作基础，出土了很多宗教石刻，包括伊斯兰教、印度教、犹太教、佛教、基督教等宗教石刻。有一块宗教石刻一面刻的是古基督教的莲花十字架，一面刻的是伊斯兰教的星月图。另有一石鼓上刻有六角星，中间填刻有花卉，可能是犹太教的石刻。对于荒废的城门，我不是他乡异客，不愿意像一个过客那样毫无保留地去把那些沧桑的历史都呈现在人们一片好奇的眼光中。只从这一块块宗教石刻，我们便能稍稍掂量出这座城门的分量。

脚下，踩着的是这片废墟；眼前，就是千年前繁华的州府。古城里的一切都显得那么静，连城门遗址不远处的晋江水也流得那么安静。舟随水流，水中随影赋形，市井被切割着，覆盖着斑斓彩色。成群的古代商队，是否从遥远的波斯载来玛瑙、香料、胡椒，运去的丝绸、瓷器、茶叶，穿过德济门进入了光明之城——刺桐城，那叮叮当当的声音似乎仍在耳边回荡。可以想见那时的德济门周边必是茶楼酒肆林立、商埠客栈栉比，必是车水马龙、摩肩接踵，那份"市井十洲人"的繁华富庶或可追汴梁。

黄昏，面对这样一座古城门的遗址，我们能够想到些什么？一座古老的城门总是有一段或是更多段无法割舍的历史与岁月，我想和城门联系得最紧密的就是烽火和硝烟、惨烈的厮杀和震天的呐喊。事实上，历史上倭寇频频骚扰包括泉州在内的我国东南沿海许多地区，当时泉州的德济门首当其冲。泉州的军民奋起抵抗，抗击来犯之寇，就连家住在德济门前的李贽先生也放下手中书本，撸起袖子，自觉地投身到抗击倭寇的行列中。在李贽的人生经历中，他曾经两次回老家泉州，其中一次是他在任南京国子监时，他父亲去世，回家奔丧时刚好遇到倭寇在骚扰东南沿海一带，烧杀抢劫，穷凶极恶。李贽顾不得家中丧事，直接就带领他的小弟、侄儿以及宗亲加入抗倭斗争。李贽这种爱国爱乡、嫉恶如仇的精神在他的人生中也是特别光彩的一笔。

偏安一隅的这座闽南古城，总是让我们更愿意用一颗坦荡、赤诚的心，站在热闹和喧哗的城墙根下，去聆听那些弥漫着海水咸味的浪漫故事，哪怕最后的结局是让人泪流满面。独自蹲坐在整治之后的德济门的遗址之上，每一件前尘往事都是金碧辉煌、美妙绝伦。只愿意就这样静静地呆立，伴随着对面天

朝天门／东渔 摄

后宫妈祖娘娘秋菊般的音律，仿佛进香大典就在眼前，妈祖殿前的大石埕上青甲齐列、黄幡飞扬、红缎披挂、彩衣翩跹，成千上万香客如潮水般涌来，祈求着海丝之路的一帆风顺。我不由得闭上了眼睛，浑身荡漾着祥和与圣洁的光芒。

泉州的古城门离我又是那么近。从德济门遗址经沿街均为廊柱式骑楼的中山路由南往北、往西，仅存的三座先后复建的仿古城门——泉山门、朝天门、临漳门尽管位置由内及外、时移世易，却鼎立于泉州人的心中，鲜活于泉州人的眼前。走近这三座复建的城门，你似乎便可穿越回泉州的唐五代、宋元、明清三段历史时光。这三座城门在本世纪初结合新门街、北门街、城西路改造而重建，尽管建设时间不长，但却是"依史有据、存古存真"的仿古建筑，复建中完全按传统的做法，遵循传统的规制。当时，为了确保这几个古城门的"岁月韵味"，在全城开展了"大搜索"，向民间征集旧石料并最大限度地融进墙体之中。旧石料大小参差不齐，加之花岗岩硬度又大，建设中对工艺要求很高，甚至连石块与石块之间的间隙，都要精细地把握。用糖水灰作为黏合剂，使石块之间的缝隙不过几毫米，一点含糊不得。如今，城楼之下，藤蔓、绿叶与石墙簇拥，绿树掩映，鲜花布道，儒雅的城楼沐浴着阳光，散发着自然的气息，显得古韵悠然。

诚如当时负责这三座城门复建方案设计的何志榕所言："古迹的复建，实际上是维持非物质文化遗产的一种载体，三座城门的复建，弥补了泉州作为历史文化名城没有古城门的缺憾，使得'泉州历史文化名城'这几个字，有了相应的标志。"

我不知道复古的城门是不是也可视作一种骄傲，我只知道，如果武汉没了黄鹤楼，不真成了"黄鹤一去不复返，白云千载空悠悠"了？如果南昌没了

临漳门 / 许兆恺 摄

滕王阁，我们到哪里去寻找"落霞与孤鹜齐飞，秋水共长大一色"呢？反正，我是把这一座座重生的城门视作一位白发苍苍的母亲。是的，泉州的古城门，它像是一位给我哺育了另外一种乳汁的母亲，而我所有的思想就是在这种乳汁中生出和成形的。我不愿意去追问关于这位亲人的沧桑岁月，那对于她太过于残忍，也太过于宏大了。泉州的古城门，锁住的是牵挂，仿佛那城门一关，就可以拭去眼角的泪痕，大踏步地走向远方去闯荡……

天边只剩下一抹淡淡的余晖，城门渐渐地从我的视线中变得模糊，我就这样一步一步踏进暮色中。走过长街深巷后，我忍不住转身去看那一座座的城门，此时只能隐约看见一个轮廓。这个轮廓渐渐地向我逼近，越来越近，最后融进我的心里，化作一座永恒的雕塑。

临漳门 / 东渔 摄

汀州府城

高台有峙常思音華继承情

古全范峨不忘前贤开创史

汀州府城始建于唐大历四年（769年），为了安置诸州的 3000 余户避疫白姓，由刺史陈剑主持修筑土城。由于时间紧迫，限制较多，此时的城池规模较小，各方面设施尚不完善。大中初年，在此基础之上刺史刘岐修建子城，并筑敌楼若干。

宋治平三年（1066年），郡守刘均拓展城池，周围 5 里 254 步，高 1.8 丈，墙基宽 3 丈，顶部宽 1 丈，护城河深 1.5 丈。开设有 6 座城门。绍兴年间，郡守黄武增修了雉堞。隆兴元年（1163年），郡守吴南老又增修敌楼。

明洪武四年（1371年），汀州卫指挥王珪以砖石包筑城墙，重修城门，增筑铺舍 81 间，雉堞 1195 个，箭眼 814 个。弘治十二年（1499年），卫指挥张韬又加建广储门楼，次年又建丽春门楼。嘉靖四十年（1561年），知府杨世芳向西、南、东方向拓展城池。此时汀州城垣方圆约 619.9 丈，雉堞 2181 个，开设 7 座城门，防御性大幅度提升。隆庆年间，长汀知县陈金用砖包砌城墙。崇祯四年（1631年），再次增扩城池，拆除镇南和广储二门，郡城和县城合而为一。

清代时期，汀州城垣的建设活动较少，仅在清康熙三十五年（1696年），由知府王廷抡主持修葺北极楼。因水患，城楼及城墙在嘉庆、道光、光绪年间又进行过多次修葺。

1915年，朝天门北城墙和惠吉门西侧城墙因水患局部坍塌，游子龙重修。1924年，为扩大主要街道，拆墙砌路，城墙大半被拆毁，仅余朝天门至宝珠门近河地段的局部城墙。1932年，废子城改建为公园。

2013年，汀州城墙城楼被公布为全国重点文物保护单位，于 2014 年由政府主持修复古城墙，共修复古城墙约 3000 米，修复古城楼城门 5 座，包括朝天门、五通门、惠吉门、宝珠门、济川门。

链接：

客家首府，指今长汀县。因其位于闽粤赣交界之地，自唐代设置汀州府以来，就是中原入闽的必经之地。客家人入闽后沿汀江繁衍生息，日渐壮大，故素有"客家首府"之称。

汀州古城门

吴 浣

　　小城四面环山，但城中还有一山，因山形如卧龙，便叫卧龙山。唐大历年间，汀州刺史陈剑迁州城，想必是要依托山来筑城的。山是天然的屏障，于前面山脚下筑起城来，甚为紧凑。早先作为城的标志，是要有城墙和城门，城墙可围起一定的空间，城门则供行人出入。那城墙是起于山顶，再朝两边伸延。如此筑成的城墙，还有一个观音挂珠的比喻，不用说，这串珠子挂得够沉的。

　　《汀州府志·城池卷》中记载："汀州府城，唐大历四年，刺史陈剑迁筑。西北负山，东濒河，南据山麓。大中初，刺史刘岐创敌楼若干。宋治平三年，守刘均拓而广之，周五里二百五十四步、高一丈八尺；浚三濠，深一丈五尺，西引南拔溪水，流东以绕之；辟门六：东曰济川，西曰秋成，南曰颁条，北曰鄞江，东南曰通远，东北曰兴贤。绍兴间，赣卒叛，守黄武增修。隆兴元年，守吴南老又增修敌楼。"由唐入宋，格局当然会有发展变化。先是从西边引了一条溪水进城，算是护城河。再就是建有六座城门，按方位分布。东面有济川门，西面有秋成门，南面有颁条门，北面有鄞江门，东南面有通远门，东北面有兴贤门。那条护城河不大，有如水渠，就从鄞江门和通远门外流过。

　　《汀州府志·城池卷》中又记："明洪武四年，卫指挥同知王珪，塞颁条门，改济川为丽春、秋成为通津、通远为镇南、鄞江为广储、兴贤为朝天；周城包以砖石，城北卧龙山巅创总铺一，窝铺八十一，女墙一千一百九十五，箭眼八百一十四。弘治己未，卫指挥张韬建广储门楼；庚申，又建丽春门楼。初，知府吴文度以郡城内大半皆山，县治民居环列城外，议自通津门西去数百丈，逶迤而南，东讫济川一带，立城围之。以秩满去。嘉靖间，知府杨世芳始

因前议，筑土为县城，列七门，曰会川（后改挹清）、曰五迪（后改坵雁）、曰惠吉（今改正笏）、曰富有、曰常丰（后改宝珠）、曰西瑞、曰通金（今塞），周六百一十九丈九尺，堞二千一百八十有奇。隆庆间，知县陈金陶砖包砌，然垣甚卑薄，郡城镇南、广储二门，横赘在县城中。崇祯四年，增修县城，自挹清门至通津门，俱加崇阔，撤镇南、广储二门，盖合郡县为一矣。八年，增修东西北三面。十年，筑宝珠门月城，增扩惠吉门。康熙三十六年，知府王廷抡

长汀惠吉门/修松 摄

重浚旧濠。"到明代，原来的六座城门，塞住了颁条门，其实就是废弃了此座南面的城门。再看名称的改变，东边的济川门改为丽春门，西边的秋成门改为通津门，东南边的通远门改为镇南门，北边的鄞江门改为广储门，东北边的兴贤门改为朝天门。

朝天门，习惯上也叫东门。那古城门，应该就是先前的样子。看一看，城门不宽。这是没法加宽的，加宽了，就不复是先前的样子了。城门之上，有城楼，先前是关着的时候多，后来加以清理，也可供人参观了。那里有一条东大街，街路就从城门洞里过。且以城门为分界，这条街还有上下之分，城门内的叫上东门街，城门外的叫下东门街。而今山两边的城墙，是后来修复的。最老的古城墙，应当从东门算起。或者说，是留存的城墙中最古老的。城墙由东门通向江边，但离江边还有一些距离，这段城墙并不像江边的城墙那样有防洪之用，但在过往的年月里没有被拆除，不无幸运，也可能是地势使然。城墙所在，是个高坎，里外地势不一，因而另有一种防护。城墙上的垛口，本是两边都有的，但有人家房屋的那一面给拆了，另一面的墙垛好似是每户人家的院墙。城墙是青砖砌的，里面包了沙石，但有杂草灌木从墙头缝里长出来，青青绿绿的，愈显得城墙的古老。城墙通到江边，江边有块高地，叫乌石山。高地上有紫阳祠、三大祖师庙、云骧阁等。城墙在这里似断实连，临江的一面，是还有半面墙头的，也就相当于那些建筑的围墙。只是建筑将空间分割后，没有打通，才没法循着城墙的踪迹而行。至于路，里外都有，里面的是一条叫乌石巷的巷子，那巷子还是石子铺的路面，草会从石缝里长出来，背阴处则有青苔。"苔痕上阶绿，草色入帘青"，于是古典的诗意便重现眼前了。外面是沿江边坡地修了一条小路，小路蜿蜒于巨石古木间。大丛的乌石不规则地分布着，有的还突入江中；古木长到高处，再倾向江边，笼罩下一片浓荫，显得此地甚为清幽。若将五座城门连起来，就是原来州城的规模，这规模而今看来是较小的，只是

长汀城墙 / 修松 摄

圈进了山脚下这一带地方。尤其是县衙还在城外，便商议扩城，以便合郡县为一。扩城后，城墙继续沿江南伸，再折而向西。

增修的城门，有会川门，当是在济川门旁边，是一座通向江边的小城门。五通门和惠吉门分别是五通街和店头街的出口，城门外便是昔日的码头。五通街和店头街因伴着码头，宋代便有街道集市，其建筑式样，则主要是明清的。两条街大致是纵向的，相连着一条横向的街，叫县前街，就是早先县衙前的街，往西可通到南大街，这便将街市贯通了起来。沿江南伸的城墙到富有门而止，再折而向西，通向宝珠门。富有门旁边，还可看到一段城墙的墙基。宝珠门，为南门。因迁移了一座阁楼来，又成双重的城门。西瑞门，在西南方。通金门，后来也给塞住了。其中五通门、惠吉门、宝珠门，仍是旧日的样子留存至今。新增的七座城门加上原有的六座城门，一共有过十三座城门。除去废弃的颁条门，还有镇南门和广储门已在城中，失去了城门的效用。镇南门的位置，与广储门大致在一条线上。原先在店头街口，竖有一牌坊式建筑，上面写着"古郡南门"，其实就是镇南门。自街口另建了亭子式的牌坊，门便往里移了。而今看去，只是一堵墙，其下留出一个门的样子，却不大像是城门。城门，至少要有个城门洞，其上还得有座城楼。广储门由于正对着汀州试院，后来改为三元阁，有连中三元之意。三元是指明清时乡试、会试、殿试中的头名，即解元、会元、状元。这对旧日应试的士子来说，自有一种激励作用。这三元阁，仍是老地标式的建筑，那里有条街道，过去叫中街，可见是城的中心地带。郡县合一后，城池往南扩。由三元阁往下，走一条叫南大街的，便可到南边的宝珠门。宝珠门外，仍从西边引来溪水，算是又一条护城河。但相比起已并入城内的那条濠沟来，更像是一条小河。城内那条濠沟，仍有疏浚。

有句老话是说：十座城门九把锁。这十座城门，当是指城圈上的，依次是朝天门、济川门、会川门、五通门、惠吉门、富有门、宝珠门、西瑞门、通

长汀店头街 / 修松 摄

长汀五通门楼/修松 摄

金门、通津门。至于不上锁的那座城门，便是济川门，后来成了土城门。城墙对面，也就是江的那边，原先算是城外的，其实早已并入城中。对岸是没有城墙的，但有河堤，堤上栽了杨柳。"十万人家溪两岸，绿杨烟锁济川桥"，本就是旧时景观。济川桥，又叫水东桥，或许是为了与江对岸的水东街照应，才改了这名称。这座桥，是东西向的大街和南北向的江流交叉之地。那复建的济川门楼，显然已超过旧时规模，横跨于大街之上。且不止一个城门，而是既有与大街同宽的大城门，又有两座较小的门，大约为的是便于分开车辆与行人。城门之上的两层城楼，也相应地增加了高度。可能是为有别于旧时的城门楼，建筑并非建基于城墙上，而是往里缩了，城池原是往南扩的。从广储门到宝珠门，有一条南北向的中轴线，却不及东西向的大街热闹，是因大街能连起一江两岸及大片街区。换言之，城也早已不是城墙和城门圈起的空间。而不局限于城墙和城门圈起的城市空间，就只能由山环水绕来界定其范围了。

建宁府城

建宁府城位于今南平市建瓯，最初的城池建于蜀汉景耀三年（260年），位于溪南覆船山下（今建瓯光孝寺至覆船山一带），由吴国建安郡太守王蕃主持建造，但城池在南朝梁末的时候毁于战火。之后太守谢竭在溪西重新修建城池。这一时期的城墙和城池格局较小，形制简单，无城楼等附属设施。南朝刘宋元嘉元年（424年），太守华瑾之将建宁城池迁于溪北黄华山下，也就是现在建瓯城的位置，确立了建宁府城的城址。

　　唐建中元年（780年），刺史陆长源改筑县城为州治，城池周围9里343步，高2丈，宽1.2丈。设9座城门。天祐年间，刺史孟威增修了南罗城。五代晋天福五年（940年），王审知之子王延政将城池拓展至周围20里。

　　宋代时期，建宁府城增筑、重建了大量城门，增强了城池的防御能力。其中比较重要的城门建设活动是郡守姚瑶于端平二年（1235年）重建建溪、资化、建安、水西、万石和临江6门。

　　因防倭寇入侵，元至正十二年（1352年），郡守赵节修葺旧城，翻新城墙，加固城门，扩展城池范围，并设9座城门。

　　明洪武二年（1369年），指挥使沐英向西南拓展城池，仍设9门。洪武十九年（1386年），指挥使时禹再次拓展城池，西自威武门抵朝天门之北，把黄华山也包在了城中；新开设2座城门，拱北门和朝阳门。城周围2079.3丈，高1.9丈，城楼24座，铺舍76间，雉堞3138个。开挖护城河，东北自黄华山下至政和门，西北自威武门至拱北门，长531.1丈，深1.5丈，宽5.5丈。清代以后，城墙及附属建筑因水患损毁严重，但也基本能得到及时修缮。

　　1912年以后，宁远门、广德门被拆除。1950年后，因城市建设需要拓宽道路，逐年拆除府城城墙，取砖石砌筑道路。至1988年，建宁府城仅余数段遗存，残破不堪。至1992年，尚存通仙门、通济门、临江门、西门城门台基。城楼仅存通仙门城楼，2009年被公布为省级文物保护单位。

城门纪事

蔡天初

历史之久

建瓯筑城的最早历史记录可远溯至1800多年前，是福建历史上最早设置的四个县之一。治县后筑其城堡，重兵把守，称为"子城"。设四个城门，东门为永庆门、西门为昭化门、北门为丰乐门、南门为双门。现耸立在繁华市中心人民路上的五凤楼，就是在双门原址上，筑建成三个门洞的城楼，至今也有千年历史，是现唯一留存的一座古城楼。五凤楼把建瓯城门（楼）抬到了一个瞩目的位置，因为它是福建仅存的一座有着三个门道规格和仪制的帝都古建筑。五凤楼是闽王王审知之子王延政于南唐保大元年（943年）在建瓯称帝时所建，属宫城正门，取名应有"五凤翘翼，风云集瑞"之意。明代改称"谯楼"，清代名"镇安楼"，民国时楼上设大鼓，故又称"鼓楼"，楼南北两面悬挂牌匾"雄镇南天""恩迎北极"。与之遥相呼应的原还有钟楼，始建于明嘉靖年间。五凤楼几经兴废，拱洞始终保持原石砌样。中华人民共和国成立后，第一次重建在1980年，楼上增加一层，东西两侧新增楼房二座；而最近一次重建是在2004年，主楼采用明清重檐歇山式建筑风格，有双层飞檐、四围红柱、雕梁画栋，极富古城风韵，又具时代新姿，成为集瑞呈祥的"市标"。

建瓯素有"八闽首府"之美誉，曾一度是福建和闽北的政治、经济、文化中心，正是由于经济的活跃、军事地位的重要，历史上成为重要商埠，是兵家必争的战略之地，也不可避免地成为古战场。历史上城址多次迁动，城门位置不断变迁，曾建有多少座城门（楼）说法不一，也不必细细考究。

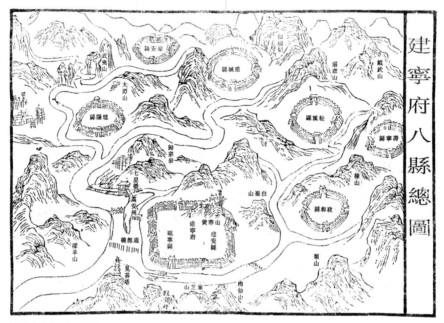

清代建宁府八县总图

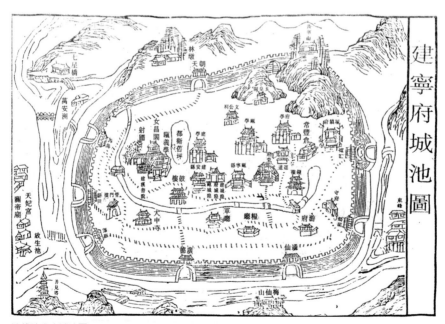

清代建宁府城池图

到了唐大历十三年（778 年），可能因军政管理需要，州城寄治于县署后。唐建中元年（780 年），刺史陆长源迁城于黄华山麓，筑城为州治，建了颇具规模的城墙，设 9 个门。现留存的 5 个城门，除通济门是明洪武二年（1369 年）所建外，其南面通仙门（当时曰资化门），西面威武门（当时曰西津门）、临

鼓楼 / 陈秀容 摄

江门和在城关水南新大桥工地施工中发现的广德门（当时曰建溪门），都是历代在唐城门原址上重修或拓建。这就是建瓯现在作为历史遗迹的城门，因而也就有了"古城"之名。

建筑之奇

古代武器落后，城门是庞大而又严密的军事防御工程，有着防御与攻击能力，同时具备远眺观察和让城内外的人出入交通、防洪等功能。而建瓯城门在建筑的手法上又有其独特之处。现留存的威武门、临江门、通济门、广德门的门洞均深达 21 米，而通仙门门洞深达 24 米，在福建尚未发现超过此深度的城门，这在中国古城墙中也很少见。

通仙门，位于城南偏东方向，面临松溪，依水而筑，眺望梅仙山，是现唯一留存完好的古城门。走进门洞，24 米长的洞腹宽度并不一样，设计成从洞外向内，分三段逐步扩大，形成三道梯形遮挡墙，这种有利于箭手攻防、结构严谨的设计，心思巧妙极了。在洞内还可窥见留在洞壁上的石沟、石槽和石板、

石条。这些城门结构遗迹中，特别引人注目的是那用石头做的"门轴"轴底。看着这硕大的石轴底，不能不让人想象到当时这里的朱红城门该是何等沉重，数千年后我们似乎仍能感受到，那厚重的大门被缓慢地打开推向两边时发出的"嘎嘎"之声，让人感到时间的深邃和神奇。

通仙门的城墙显得非常壮观而有气势。从门外侧壁的形制和大小来看，墙体外表几乎完全以无砖纹的大砖砌成，不采用内壁常用薄砖，砖缝间抹灰不多，城墙外侧壁比内侧壁平整陡直，显得更加巍峨险峻。同时城墙内外侧壁之所以保存较好，是因雨水从沟渠内排干，不对侧壁产生冲刷侵蚀。可以想象这座城门当年是多么高大，多么坚固，令人称奇。

通仙门的建筑原应有正楼、箭楼、闸楼三重。闸楼在最外，起升降吊桥之用；箭楼在中，供射箭之用；正楼在最里面，与箭楼之间用围墙连接，叫瓮城，也是屯兵之地。伫立于通仙门城墙下残存的遗址上，仰望两侧，还可见到凸出在城墙外的瓮城城墙遗迹，有雉堞，又叫垛墙，与城门墙呈 90 度角，守军可居高临下，极为科学。成语"瓮中捉鳖"可以说是瓮城功能的最生动描述。

现在建瓯城内，还有沿用历史名称的"马军营""校场巷""南营巷"等，可见当时兵力之强并配备有骑兵。

通仙门 / 龚张念 摄

民俗之丰

城门是古代军事防御工事，又作为独立的建筑物，在历史的长河中被赋予丰富多彩的民俗文化内容。建瓯城门有"八门九关公"的说法：唐建中元年（780年）有八处城门，每座城门内不远处都建有关帝庙，祀关羽圣帝君，八座城门就有八处关帝庙，但在管葡街北段有一座周仓庙，在周仓庙的大殿里塑有关帝像，而周仓是关羽的部将，其塑像在二殿，因此就有了"九关公"之说。距通仙门不远处的法云寺是现唯一留存的关帝庙，不知为何关帝庙与法云寺联系在一起，只见内塑精美关公坐像，香火极旺。在城门旁建关帝庙，这可能是建瓯城门独特的古风今俗。另外，在明弘治年间，佥事彭诚在各城楼前曾建亭八座，并趣称为"永亭、太亭、肃亭、涵亭、得亭、宪亭、廊亭、清亭"，因此建瓯还可称"八门八亭九关公"。

建瓯古街铁井栏遗韵／陈秀容 摄

据《建瓯县志》记载："明洪武十九年，城垣上建楼阁三十四座，窝铺七十六间。"但现城楼仅存太保楼，又称太保庙，与通仙门同始建于明洪武十九年（1386 年），几经兴废，但都保留重檐歇山式屋顶、穿斗式梁架，为中国传统的大屋顶建筑风格。在太保楼旁边还有座"大王殿"，不知始建于近代何年，同样传承了太保楼和五凤楼建筑风格，殿里的斗拱、屋檐、照壁、神龛、吻兽、窗门、石柱、石鼓无不体现出传统民俗文化元素。如对联，在太保楼上走到哪里皆有楹联："一片当年长桥境，千秋此地太保楼"；"斗间收紫气明月照清溪，云外筑神楼芸看留大殿"；"千载威名崇祀典，万年宗社属神灵"。在太保庙里敬奉的神灵是本地的地方神，99 位太保爷用樟木雕刻，栩栩如生，每年农历四月初一、十五和七月初七太保生日，更是人流如织，楼内必演几天大戏，热闹非凡，成了古风今俗的展台。

建瓯城门还讲"门道制度"，城门取名和城门数量有讲究。一般城门取名以朝向方位为简名，取重文礼或吉祥意为复名，还有以哲学观念或重大历史文化纪念史实为名。而城门数量也特别讲究，数量严格视行政级别而定，县城只能开设 4 门，州、府可开设 8 门，具有"上配天之八风，下合地之八卦"之意，帝都一面可开 3 门。建瓯于东汉汉献帝建安元年（196 年）建县，唐高祖武德四年（621 年）升为建州，宋绍兴三十二年（1162 年）改建州为建宁府，历史上出现"一府二县三衙门"的行政格局，随着县府、州郡治所的升级变迁和历史朝代的更迭，形成城中城、城套城的建筑局面，除了留下珍贵的城门印迹外，又有了"一城多门，一门多名"的佳话。

邵武府城

邵武府城始建于宋太平兴国四年（979 年），最初选址于富屯溪南岸，以夯土筑城，方圆约 10 里，开设有 7 座城门。元至正十八年（1358 年），城墙被改建为砖石城墙，开设 4 座城门。

明洪武元年（1368 年），城垣按元旧址修缮。洪武五年（1372 年），指挥使蔡玉增建门楼 4 座、敌楼 46 座。洪武九年（1376 年），指挥使车济增建雉堞 1112 个，铺舍 50 间。弘治十八年（1505 年），知府夏英重建东、西、南三门总楼，北门左右二楼。万历十八年（1590 年）修复南门总楼。崇祯十四年（1641 年）重建东门城楼。

清代邵武府城仅在明代基础上稍做修整。清顺治五年（1648 年），四门城垛增高约 3 尺。顺治十六年（1659 年）又增加铺舍 20 间。康熙六年（1667 年）又将城墙垛口加高至 5.5 米，增建炮台 42 座。从雍正至光绪年间，几经修缮和加固，城墙周长约 1251.2 丈，高 2.8 丈，女墙高约 7 尺。

1949 年前，在废城铺路之风的影响下，邵武府城城墙、城楼大部分被拆除。1978 年，邵武政府开始对仅剩的北城墙和东城墙采取保护措施。1988 年，政府主持修复了樵溪门，重建樵溪楼。

保留下来的城楼仅余邵武府城北门——樵溪门及门楼。樵溪门始建于北宋太平兴国四年（979 年），为邵武七城门之一，北临富屯溪。元至正十八年（1358 年）易名樵溪门。明清时期数度修葺。现存樵溪门城墙为南北走向，以长方形青砖砌筑，墙砖上印"咸丰四年"。城墙高 7.7 米，宽 9.4 米，平面呈长方形，面积约为 72.38 平方米。城门为券顶，高 3.7 米，宽 3.4 米，深 7 米。门额嵌黑页岩石匾，上刻楷书"樵溪门"。门西侧保存完整城墙约 180 米，东侧保存完整城墙约 53 米。现存门楼为 1986 年重建砖木结构建筑，重檐歇山顶，面阔三间，进深四间。

富屯溪畔的明清古韵

戴　健

　　一处处古迹，就是一个个历史节点的留存，是过去残留的记忆。新石器时代，古越先民就在邵武这片土地上拓土开荒，点燃文明星火。西汉汉武帝时期，闽越王无诸的儿子馀善在现在的故县村处建城，名为"乌阪城"，是福建最早的六座城池之一。三国东吴永安三年（260年），在乌阪城设置昭武镇，当年升格为昭武县。西晋元康元年（291年），晋惠帝司马衷为了避他祖父司马昭的名讳，把昭武改为邵武。北宋太平兴国四年（979年），邵武设置为军，城邑迁至今址。因有"樵溪"穿城而过，故此邵武又名"樵川"。元代，邵武建制为路，明清设为府。当年石达开率太平天国军队攻打邵武城，久攻不下，感叹道："真是一座铁城也！"因此，邵武又名"铁城"。

　　邵武这片土地上，积淀了厚重的文化底蕴，这里一脉书香绵延不绝，人才辈出。历史上这里出了2位宰相、7位尚书、271名进士。其中，名相李纲以其大义凛然而彪炳史册，严羽因一部《沧浪诗话》成为中国古代诗学一代宗师，后唐工部侍郎黄峭晚年遣子传为佳谈。邵武还敞开襟怀吸纳先贤名士，理学大师朱熹曾在此放歌、传道、讲学，明代名将袁崇焕曾在这里任职。这里曾是中原文化过化之地，出现过佛教、道教、伊斯兰教、天主教、基督教、罗教、真空教七教并立的繁盛时期，还有农耕文化、海洋文化、朱子理学、孔孟传统儒学在这里碰撞、交融、传承……文化的交融和包容，为邵武的文化增添了活力。正因如此，她成为福建省人民政府首批公布的几座历史文化名城之一。她浑身的文化气质，犹如一颗璀璨的明珠，在闽北的崇山峻岭中熠熠生辉。

　　日月轮回，陵谷变迁，如今邵武尽管也如其他城市一样，高楼林立，通

清咸丰《邵武县志》邵武城池图

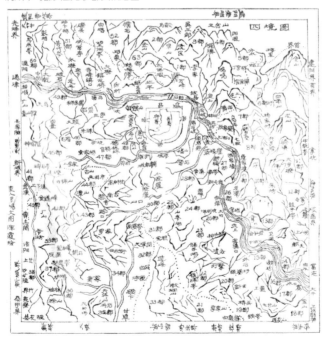

清咸丰《邵武县志》邵武四境图

衢纵横，但是只要走进高楼的夹缝间，历史竟然近得如此触手可及。足踏河卵石铺面的古巷，手扣一扇古门，千百年的烟云便迎面而来。

我从邵武城保存较完整的传统街区北门街步入，去寻访、欣赏留存的古韵之美。北门街形成于宋代，是古代邵武城的一条主要街道和商业区。宋代这里就是有名的米行街，是以粮食集结、贸易、运输为主的商业区，其南连县前街和县衙、军衙，西南邻学堂区，宋代军学、明清府学县学、樵川书院、武阳书院均坐落此地段。

在只有三四米宽的北门街缓步而行，扑入眼帘的街边房舍均为前店后宿的结构，风火墙上的每一道缝隙，仿佛是岁月留下的道道褶皱，既沧桑，又带给人无尽的遐想。步行五十余米，便来到樵溪门，又名小北门。北宋太平兴国四年（979年）始建，为邵武七城门之一，北临富屯溪。最初是夯土城门，后改用砖券拱门，明清时期数度修葺。伫立在城门中巡视，拱门的墙脚立着一块古旧的石碑，由松软的麻石打磨而成，经岁月的研磨，表面已剥落，碑文已然

樵溪门/戴健辉

模糊不清。两边墙脚各摆放了一根长石条，已被一代代的居民，一批批南来北往的商贾、歇脚的艄公的衣裤磨蚀得油光发亮。这是岁月叠加的力量，在悄无声息中竟把石块的棱角研磨平滑。

举头凝视，券顶密密匝匝的城砖已被时光熏黑，看不到它原本的色泽。有些砖缝中竟然长出苔藓，尽管瘦弱，却生生不息，毫无销声匿迹的迹象。我耳旁仿佛听见晨昏时，两片钉满铁制蘑菇钉的厚重门扇，吱扭扭开启，又吱扭扭关闭。走出城门洞，来到富屯溪边的溪南路。路面铺花岗岩石板，临溪为石制的护栏，护板上雕刻图案，或写实，或写意，栩栩如生，简约，婉约。站立在溪南路上望樵溪门，门额嵌黑页岩石匾，上刻楷书"樵溪门"；城楼双重檐、歇山顶，古色古香，雅致又壮观。

行至溪边，凭栏而立，富屯溪水光潋滟，渔舟轻荡。可惜的是，十年前樵溪门前的古渡码头还完整地保存着，后因修建防洪堤和排污管道而被损毁。古时，这个码头是入闽出赣的交通枢纽。从中原来的货物，进入光泽后装上小木船，到了邵武再搬上大船运往闽江下游的繁华地，而从闽江下游运来的食盐、海产干货等，则从邵武盘上小船，翻越杉关，进入中原腹地。处在这个黄金水道上的邵武，又是人员、货物中转枢纽的邵武，从宋代开始成为闽北的政治、经济、文化中心，直至清而止。水运造就了富屯溪沿岸千载的繁华，然而多少事与物都成了过眼云烟，唯留下文化芬芳未曾漫灭。

我思绪翩跹，写下《踏莎行·古渡感怀》一词：碧水东流，斜阳横渡，移舟轻荡相如故。鱼游坝上远行难，南飞雁阵消云处。深邃长空，浩繁史库，人间荣辱望无数。荣华富贵转头空，铮铮名节千秋驻。

向东，踟蹰于林荫道上，一边享受着树荫下的宁静，一边端详古城墙，别有一番情趣。这里的古城墙，不是修旧如旧的古城墙，而是从明代走来的不曾被现代人美化过的古城墙。城墙基座近两米高的石条上，留下岁月印染的古

沧浪阁/戴健 摄

旧颜色、沉积下来的沧桑气息；条石上方的城砖，你若屏气凝神去细看，就能在青苔之间的空隙里发现烧制城墙砖工匠的姓氏，以便对城墙砖的质量进行追踪。正因如此，历经几百年的风吹雨打，古城墙至今残而不倒，依然雄厚壮观。

从樵溪门沿溪南路往西行百余米就是熙春公园。在公园的富屯溪畔，矗立着一座名叫"沧浪阁"的古阁。沧浪阁砖雕牌坊精美壮观，阁楼飞檐翘角，雕梁画栋，是为纪念出生在当地的南宋著名诗词评论家、爱国诗人严羽而建。严羽秉性忠耿，极重名节，勤学好剑，文武双修。他曾三次离乡，长时间地客游江湖，希望遇到明主，为驱逐蒙古军队、保家卫国施展自己的才华，然而他未能如愿。在邵武，他终年穿着羊裘，以表示对时事的不满。他一有空就到城西富屯溪边垂钓，寄情于家乡的山水，借以驱除胸中的郁闷。南宋末年，文天祥镇守南平，严羽以年迈之躯离家投军。抗元彻底失败后，他坚守"丈夫儿，富贵等浮云，看名节"的信条，不肯投降元朝，避隐民间，不知所终。他不为人所知地走了，却留下了一脉炽热的正气，一部闻名中外的《沧浪诗话》，久久地激荡在后人的心怀。

在邵武的历史卷帙中，还有一处古建筑与严羽相关。"不肯事科举"的严羽，在家乡与邵武军通判王埜、军学教授戴复古经常在富屯溪畔的望江楼吃酒作诗、论诗。严羽、王埜、戴复古在学术上都持有自己的见解，不因彼此谁的权势大、谁的名气大而向对方妥协谄媚，表现了古代读书人令人可敬的品格。后人为纪念这一雅事，把望江楼改称"诗话楼"，并把三人的像塑于楼上，供人瞻仰。现在在富屯溪畔重建的诗话楼，风格极现代、太前卫，除了有诗话楼之名外，并没纪念宋代文坛一雅事之实，楼内没有一点与这件事有关的资料。看来，要真正把文化发掘出来还有很多事要做。

熙春公园中的登高山，嘉木美荫，人文底蕴深厚，是邵武的历史文化名山。宋代著名诗人戴复古登高而望，写下"千山表里重围过，一水中间自在流"的名句。元代诗人黄镇成吟出行走在金鳌峰的感受："满城桃李春如绣，人在金鳌顶上行。"在岁月的年轮中，这里还点缀着醒翁亭、熙春亭、六虚亭、秋声亭、五曲精庐、北桥春舫、惠应祠、越王台等让人产生幽古遐思之情的人文景观。而今，这里的文化气息依然浓厚，诸多亭台楼阁的名称，由沙孟海、沈觐寿、陈奋武等书坛名家题写。

夜晚，富屯溪两岸的灯光五彩斑斓。岸上与溪边观景台上的彩灯，与岸边葱茏的香樟树、或高或矮的建筑上垂挂的彩灯交相辉映。古城墙在灯光的照射下，斑斑驳驳，变得朦胧而神秘。灯影倒映在水中，微风漾波，呈现的是一幅奇异、绝美的画卷——奇得让人凝视，美得令人如饮玉液琼浆。

文化是人们用智慧创造的，奇山秀水是大自然赐予的，它们能让我们陶醉其间，愉悦心灵，因此只有我们把它们盛入心扉，细心呵护，文化才会更加厚重、醇香、美妙，旖旎风光才会依然如故。我把古城邵武富屯溪畔的明清古韵，静静地盛放在心的中央。

松溪县城

松溪县城始建于明弘治二年(1489年),知县徐以贞奉命号召商贾乡绅捐资,修筑松溪城池。初始仅建立了基础,就因为水灾而中断。直至明嘉靖五年(1526年),才由知县闵鲁续建完成,城周围955丈,高1.6丈,宽1丈,开设4座城门。

明嘉靖十四年(1535年)和清顺治元年(1644年),先后开辟4座水门以排水入河,并方便行人通行。至此,松溪古城共开辟8座城门。

光绪二十年(1894年)五月洪水,沿河城墙被冲毁。知县王士骏主持重建,拆迁东门沿河水碓,采集大石加固城基,发动各乡设厂烧制统一规格的城砖,于同年八月动工。全部工程包括重建东南河滨的全部城墙,整修加固西北面的旧城,于光绪二十四年(1898年)竣工。重建后城墙周长990丈,高1.6丈,宽1丈,共设8座城门,均建有门楼,并建有6座炮台。

1949年后,逐步拆除了西北城墙及三个城门,现仅余东、南、西傍河的城墙保留墙体用以防洪。现存较完整的城门只有寅宾门,其他三个城门均面目全非。基本保留原貌的水门只有河头水门,其他三个水门已不存在。

寅宾门即大东门,始建于明代,经多次修缮,现基本保留清光绪年间建筑风格。城门坐西朝东,面阔14米,进深9米。中间设拱门,门高3.8米,宽3米,厚3米。基础和拱门用条石砌筑,墙体用青砖错缝叠砌。城楼面阔三间带两边回廊,进深四柱带前廊,抬梁穿斗混合式木结构,歇山顶。

河头水门始建于明代,经多次修缮,现基本保留清光绪年间建筑风格。保留清光绪时期的城墙有60余米。城楼面阔二间约10米,进深四柱约4米,抬梁穿斗混合式木结构,歇山顶。

寅宾出日松溪城

冯顺志

在中国，历史稍长的古城大多有修建城垣，从历史作用来审视，城垣主要是农耕民族为应对外敌而修筑的设施，有时也承担着防御洪水侵袭的功能，松溪古城也不例外。

松溪古城原有完整的城墙，而城门在建筑特点与文化内涵上最具代表性的当数大东门，俗称城门洞。大东门是松溪古时迎来送往重要之地，其正式名称为"寅宾门"。"寅"颇有一番深意，上古汉语释义"严恭寅畏，敬也"；"寅宾"大抵出自《尚书·尧典》"寅宾出日"之意。东门被称为"寅宾门"以敬宾客是十分贴切的，可见松溪先人给城门取名时也是颇费一番心思的。现今寅宾门与城门楼台已修旧如故，成为松溪的一个景点。

寅宾门城门 / 省党史和方志办 供图

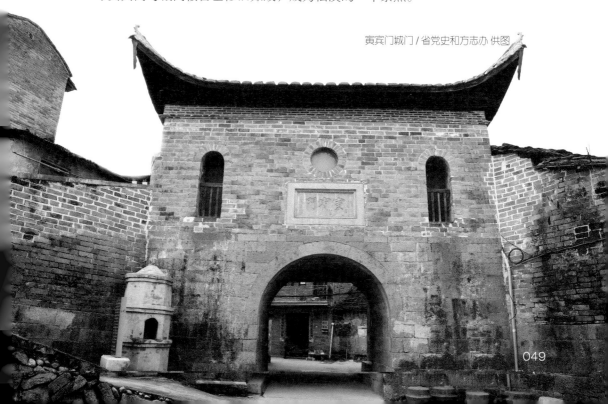

大东门（寅宾门），始建于明代，经多次修缮，现基本保留清光绪年间的建筑风格。门额上嵌"寅宾门"阴刻楷书石匾，上款"知县事浙合王士骏改建"，落款"光绪二十一年岁次乙未又五月吉日"。城墙上镶有光绪二十一年（1895年）立的禁碑一块，倭角、长方体，阴刻竖读楷书10行，约300字，记载修筑城墙的经过和禁止乡民在河道上游建水碓等信息。

寅宾门石匾 / 朱建斌 摄

我们还可以在当地旧志里读到曾立在"寅宾门"下的禁碑上一段关于城墙御盗防洪和保境安民的碑文："……余于此役，以耐劳而始，以敛怨而终，事有备而无害，功罪听之吾民。惟民后之君子，于余所兢兢防范者，惜其成而善其后，是则余之所厚期而深感也乎！"的确，我们要感谢当年那位积极修建城墙的知县徐以贞，为了修建城墙，知县蒙受着同僚们不理解的非议，起早贪黑亲自上工地督工，真可谓呕心沥血。六十多年后，这座坚固的城墙对抵抗倭寇并取得最后胜利起到不可低估的作用，我们不得不钦佩这位县太爷当年的高瞻远见。

明嘉靖年间持续到隆庆、万历年间四十年，是倭患最为猖獗时期。嘉靖四十一年（1562年）冬，一队浩浩荡荡的海船驶近浙江宁波海岸，1000多名倭寇蜂拥登上陆地，一路打家劫舍，大肆杀戮，哀鸿遍野。倭寇由浙江转入闽东，攻陷福安、宁德，接着向闽北推进，屠城洗劫了寿宁和政和两县城，于十二月初逼临松城。松溪旧志记述了这段惨烈的历史，史称"壬戌之役"。翻阅清康熙《松溪县志》，《御倭纪事》和《书张德传后》二文为400多年前的"壬戌之役"勾勒出一幅相当惨烈的战事场面，以及松溪人民的显赫战功。

时光倒回 457 年前的隆冬，松溪东门城楼上民军旗帜猎猎，知县王宾率领县丞陈文明、主簿邓锡、典史区亮、教谕潘宇、巡检范洄、生员范茂生、陈椿等全体官员以及几十名兵丁急匆匆地登上堞楼城壕部署战守，查巡八门六炮台，部署兵力准备与敌寇决一死战。这时城头通道上，迎面跪着一位三十开外血气方刚的请战青年，在他身后站着一队虎虎生气的人群，全是自愿参加民军的家丁后生，他们立下与松溪共存亡的旦旦誓言。此时王宾被子民们群情愤慨、同仇敌忾的场面感动，他不再对朝廷抱任何幻想，早早发出的求援奏章如石沉大海，得靠自己救自己。他为有这么一批冒死保家卫国的子民而信心百倍，前去扶起勇士，询问几句便得知是闻名远近、常年为湛卢书院挑粮送衣的大力士张德，

松溪古城墙砖字 / 朱建斌 摄

此人豪爽仗义，路见不平拔刀相助的大名几乎家喻户晓，王知县当即命张德为民军联队队长。

张德家境贫寒，为人勇武，讲义气，胆略过人。他虽是个粗人，但在为湛卢书院莘莘学子挑担服务的日子里，耳濡目染受到些许忠孝礼义的影响。他珍视忠诚英烈的气概，憧憬报效国家的千秋名节。他庆幸自己在山上山下穿梭中练就一身强健体魄，忙里偷闲摆弄枪棒刀剑，身怀几项绝技，湛卢山带给他的恩泽现在派上用场了。

倭寇兵逼城墙下，摇旗呐喊，气势汹汹，东西南北门城墙炮台负载着全城万人的生命与悲愤。守军在陈椿的出谋划策下，或夜出奇兵袭扰敌营，或暗设强弩杀伤敌人。坚固的城墙上热血沸腾的守军形成众志成城之势，倭寇见状不敢贸然大规

古城新貌 / 朱建斌 摄

模攻战，只是放些火铳试探城内动静。王宾下令不急应战，等待战机一举反攻。倭寇围城三昼夜，不断狂叫威胁："若不开城投降，则如寿、政两县将尽被诛之，寸草不留。"无论倭寇如何恐吓叫嚣，也得不到城内的任何回应，惹得倭寇老羞成怒，继而连续数日几次疯狂地攻城，不遂，倭寇只好整装部队佯作撤退，转入四乡暗中制造攻城云车、云梯器械，并在大布长潭边安营扎寨。

次年元月初五夜间，倭寇乘守城民军久战困乏、精神疲惫之机，突然发起强大攻势，在东门城墙上架起云梯、云车强行攻城。数百名倭寇蜂拥爬城，并已有数十名倭寇挥舞倭刀爬入城墙垛内，一个个龇牙咧嘴，杀气腾腾。守军一时回不过神来，仓促应战。眼看面临全线崩溃、县城即将陷落的危难时刻，张德率领二十余名勇士从河头城门急速赶来。张德手抡阔斧，振臂呼喊："胆大倭贼，前来送死！"一个劲步冲向前去，先是一阔斧砍下领头的头，接着连续几斧砍杀，十几个倭寇纷纷倒下，勇士李仕清、朱蓬毛、范隆等人也同时挥刀冲上，各砍死倭寇数人。守军士气大振，奋勇拼杀，杀声震天动地，倭寇觳觫不已，嚣张气焰顿消。城墙上民军弓箭齐射，巨石硬木滚落城下，倭寇大片倒下。城门炮台火炮猛轰，从子夜到次日清晨，倭寇死伤惨重，败退到河东。但张德也在城壕与倭寇肉搏中壮烈牺牲。经过一夜

寅宾门城墙头／朱建斌 摄

的殊死拼杀，松溪人民终于打败了倭寇，取得最后胜利，保住了全城一万多人的生命。在这场战斗中，守城军民死殉百余人，千名倭寇死伤过半。在殉难的英烈中，张德死得最为悲壮，他以慷慨尽忠的民族气节而名垂千古。

我以为松溪历史上最值得秉笔直书的内容有四，一是欧冶子与湛卢剑，二是朱熹与湛卢书院，三是明嘉靖年间松溪人民抗倭史，四是松溪古城。"壬戌之役"不仅保住了松溪城和闽北一方的安宁，也为古代抗倭史写下一页光辉的篇章。值得叩问的是，为什么倭寇在闽东北连续攻破和屠戮了好几个县城，而唯有松城没被攻破？除了有一批像张德这样誓与城共存亡的义士外，不容忽视的是这座高大坚固的城墙起到了关键性的防御作用。

走笔至此，我不由自主地朝着东门城墙外走去。当我走过一条被青苔湮灭的古石板路之后已是落日时分，站在古邑沧桑斑驳的东门城垣下，晚霞辉映，夕阳碎满城墙，凝视着城门石匾上的"寅宾门"几个字，一股安稳感殷殷实实地罩住了我。

上杭县城始建于宋端平元年（1234 年），县令赵时钺用茅竹围建城池，周围 160 步，挖掘护城河。淳祐六年（1246 年），县令赵希绳重修城池。宝祐二年（1254 年），县令潘景丑修筑石城。元至正年间，摄尹郑从吉重修城墙，周围 515 丈，高 1 丈，开设 7 座城门，各门建有城楼。

明洪武十八年（1385 年），知县邓致中重新修葺城墙。景泰三年（1452 年），知县黄希礼复修葺。成化二年（1466 年），知县胡钺扩建城池，成化八年（1472 年）竣工。周围 1424.6 丈，宽 2 丈；南城墙高 3 丈，东、西、北城墙高 2 丈；护城河宽 2 丈，深 1 丈；雉堞 2338 个，铺舍 33 间。开设 4 座城门，3 座水门，各门建有城楼。正德年间的知县谢浩、万历年间的知县李自华对城墙及门楼进行了几次修葺。崇祯年间，知县卢跃龙增高城墙 5 尺，修筑了东、西、北三门子城。

清康熙五十三年（1714 年），在兴文门以东再开设登瀛门。雍正年间进行过修葺。乾隆八年（1743 年），知县史园修葺雉堞 2632 个。嘉庆、道光、咸丰、光绪年间多有修葺。

1949 年后，因城市发展需要，为拓宽道路，上杭古城墙大部分被拆除。古城中现存以解放路、临江路等为代表的传统街巷，其两侧还保留了较多明清时期风格的客家民居、学祠、商铺等。

上杭古城城墙垒石砌筑，墙基与墙身均以条石包砌泥土，防御性较强。现存城门仅余阳明门和太平门，门楼均已损毁，现存城墙残余长 290 多米，高约 9 米，位于南门码头至阳明门码头。上杭城墙于 2005 年被公布为福建省重点文物保护单位。

三折回澜映古城

熊永富

汀江河从木马山奔腾而来，出龙门、过新桥、穿河田、越三洲，进羊牯入上杭官庄。汀水入杭后，不断地接纳来自崇山峻岭间的众多涓涓溪流，河水渐渐丰盈起来，到了上杭的九洲村后，又汇集了旧县河水，汀江变得充实而壮阔，河面宽广，水流丰沛，顺着山势，温顺平缓地绕着美丽而古老的上杭城逶迤南行。在这曲折有致的前行中，汀江水欲行还留，顾盼回头，形成三折回澜的优美景致。上杭县城就在这三折回澜的汀江边上。

北宋淳化五年（994年），上杭升场为县，建县之初，上杭县址不在三折回澜的汀江（即今天的临江）边上，而是在临江100多公里之外的永定高陂。其间几百年的历史长河里，上杭县址几经变迁，从最初的秋梓保（今永定高陂北山），而后迁到鳖沙（今上杭白砂），到语口市（今旧县全坊），再到钟寮场（今才溪荣石）。直到宋乾道三年（1167年），知县郑稷将县址从钟寮场迁到郭坊（今上杭临江），经过四次搬迁后，上杭县才得以在郭坊安定下来。一座县城在一个漫长的时光里寻找自己最适合的居所，让生于斯长于斯的人们在"人的本性，生活节奏，环境回归自然达到至善"。

城墙是古代建筑在城市四周作防守用的，是一个古老城市的标志。拥有1000多年历史的上杭城也有自己的城墙，不过，上杭的古城墙现存较完整的，只剩下南门码头往西至县医院附近一段了。

沿着汀江北岸的岸堤往西走，上杭城的景致及汀江两岸的美景会在你的眼前依次展现，右岸是鳞次栉比的高楼大厦。它们齐整笔直的线条和耸入云天的气势诠释着这个城市的现代化，那些古老的街巷掩藏在现代建筑间。左岸是

上杭城墙局部 / 胡志贤 摄

　　绿道田畴，澄明碧蓝的汀江水倒映着江树的葱郁、岸堤的逶迤、房舍的高低错落，这些倒影随着江风在水波涟漪中摇荡。当然，那段条石叠砌而成的古城墙也跟着江边这些景色一起对着澄碧的江水照镜子了。

　　水波荡漾、江风摇曳，澄碧的江水照不出古老城墙的一块块条石、一方方城砖。只能看见那城墙严严整整、结结实实地倒立在如镜的江水里。它坚固的墙体，在经历了风风雨雨后依然耸立，那斑斑驳驳的条石透露出历史的沧桑。从城墙的条石缝里生长出来的草籽、藤蔓，用青绿的叶子装点灰褐色的墙面，江风徐来，绿叶随风晃动，在阳光下那些间或露出的条石，在灰绿之间昭示了时光中生命与城墙存在的意义和价值。

　　城墙下是悠悠晃晃的汀江。江风拂过，江面卷起层层涟漪，轻轻地从江心晃向两岸，轻轻地吻过两岸的石砌城墙后，又从两岸向江心靠拢，像是害羞的处子。然而，上杭城却有一个刚性十足的名字——"铁上杭"。民谣说："铜铁上杭，固若金汤，东无退路，西无战场，南有河道，北有鱼塘，嘱咐子孙，芟打上杭。"把郭坊作为县址的古人已充分利用了汀江的天然屏障,"山环水绕,争奇竞秀,形胜之雄甲他邑"。从地理环境角度上看,郭坊无疑优越于秋梓保、鳌沙、语口市、钟寮场。城墙的修建增加了城市的安全感,然而,"铁上杭"从民间传诵到史书记载却走过了漫长的历史。到了明成化二年(1466年)城墙扩建成周长1424.6丈,城墙的基础宽2丈,南面临汀江河用石条砌高3丈

多的城墙,东西北三面也都用石头砌成2丈多高的城墙,还挖壕沟,开城门,东西南北四方开了邵阳门、通驷门、通济门、迎恩门,又在临汀江南面开设了东南的兴文门、中南的阳明门、西南的太平门三座水门,并用条石筑有装卸码头,后又增开登瀛门。上杭县城成为闽赣水陆交通要冲,地势险要,易守难攻。可如今能够见证时光的只剩下中南的阳明门、西南的太平门。青山依旧在,汀水南流去。天堑早有了通途。我常常沿着修葺一新的江滨绿道散步,经过阳明门和太平门,都会驻

阳明门/林杉摄

足凝视那些历经沧桑的条石，心想如果镶嵌在城墙上的条石可以记住历史的沧桑，那么上杭城的灵性不仅来源于水，也来源于这些不说话、板着脸的条石，透露出醇厚的古韵。

街巷是城市的经络。上杭县城的大街小巷，有的沟通南北，有的横贯西东，城市因此条分缕析。车水马龙，穿行其中，在熙熙攘攘的市井声里细数着日出日落、花谢花开。在这些网格里面有或高或矮、或大或小的城市楼房，街巷里的人们从楼里出来，向着各自的人生目标追寻而去。

清同治《上杭县志》记载，古代上杭城大街小巷纵横有序，有贯穿东西和南北的两条大街，各长 3.5 公里，宽 1 丈多，先用鹅卵石铺成，成化年间改

上杭古城／林杉 摄

用条石板铺就，通往四大城门。另外还有街路 7 条，巷 35 条，原街宽丈许。随着城市建设和发展，一些街巷已经改头换面，一些街巷依然留在了我们的身边，培书巷、麻竹巷、清泉巷，以它们古老的面目面对全新的现实世界。最完整的要数从前的东西大街，现如今的解放路了。它横贯上杭县城东西，全长约 4 公里。街道两边还保留了比较完整的古民居古建筑。

行走在解放路老街，最惬意的是高楼不再，排列在街道两旁的建筑蕴含着古老的客家风情，阳光朗照。在这条街上最引人注目的要算地处东段的孔庙了。孔庙是上杭现在保存最完整、历史最悠久的古建筑。孔庙门前立有一块"下马碑"，上面刻着"奉旨一应文武官员军民人等至此下马"。从圣门进入庙，

上杭文庙／朱裕森 摄

流芳牌坊／林杉 摄

一个宽广的院落就在眼前，有泮池和棂星门，再往北走就是孔庙的主体建筑大成殿。大成殿门前及门内，安放着宋、明两代的石刻，碑上刻有朱熹读书心简。大成殿飞檐翘角，雕龙饰凤，卫以石狮。大殿里悬挂着"万世师表"的匾，据说这是清康熙年间奉立的。大殿的正中央供奉的孔子铜像高2.4米，重600余斤。大成殿的东侧，放置着始建学宫时烧制的青砖，砖上百花争艳，百鸟呈祥。

一座千年古城，总还有许多值得留恋和记忆的东西，它们分布在城市的各个角落，有时是一块砖，一堵墙或是一根杆。上杭县城还有立在瓦子街的流芳牌坊；为纪念张巡而建的太忠庙，有600多年的历史，太忠庙北门上的对联"千载睢阳留碧血，万家玉烛照丹心"，既写出了张巡的壮举，又抒发了缅怀之情；还有时雨碑，碑上刻了明代心学家王阳明的《时雨记》和当年带兵平漳寇屯军上杭时，为上杭百姓祈雨以疏民忧的诗文；也有爱国诗人丘逢甲的师范传习所，青砖和瓦，气势恢宏。正所谓一湾三折回澜水，千面古城韵悠长。

崇安县城位于今武夷山市。汉建元六年（公元前135年），馀善因平乱有功，被汉廷立为东越王，筑城于今武夷山市兴田镇城村，称之为"古粤"。汉武帝元鼎元年（公元前116年），馀善又构筑6座城固守会稽郡之地，反抗汉朝中央集权。其中，闽越古城即为六城之一，位于今武夷山市城村。城村城池规模大，城内筑有宫殿，为闽中重镇，这是崇安县城的发源地。

唐贞观初年，左牛卫上将军彭迁带领乡人开荒垦田，凿湖筑坡，在今崇阳溪之东的潊口聚居，名新丰乡，是崇安县城最早雏形。五代后晋至北宋，新丰乡名称几经更改，于淳化五年（994年）升为崇安县。

明正德二年（1507年），崇安县始筑城墙，位于今百花岩山麓，城墙以河卵石垒筑，设4座城门。嘉靖四十年（1561年），旧城因火灾被烧毁。隆庆二年（1568年），在白华山（即白花岩）麓崇阳溪畔，重修崇安城墙。重修后的城池略呈椭圆形，崇安人称"猪肚形"。城墙周长千丈，高1丈4尺，厚1丈2尺，有垛口963个，城楼炮台27个，设4座城门，5个水门。

清顺治五年（1648年），修筑南门、西门、北门。至康熙四年（1665年），城墙经四次修缮。康熙四十三年（1704年），知县王梓修建城楼，并题额匾。乾隆年间，又修缮两次。

民国初，城墙仍然存在。民国二十二年（1933年），闽北红军进驻县城，发动群众拆毁城墙，将城墙砖用于公益事业。1952年，将所剩的墙砖也拆用于修建城关街道。至此，崇安县城的城墙全部被拆毁。

明代崇安县城城墙今仅存沿崇阳溪的部分墙基和集贤门。集贤门如今仍然在使用，作为街道与崇阳溪之间的一个通道。除此之外，古崇安县域范围内保存下来最具有价值的就是闽越时期的古城——城村汉城，是江南地区保存最完整的汉城遗址之一。

🔖 崇安：诗意安居的古邑

邹全荣

崇安，这是一个很有诗意的地名。崇安，崇安，崇尚安宁的好地方。1989年崇安撤县设市后，即使是武夷山本地出生的后代，对"崇安"这个富有诗意的地名，也越来越感到陌生了。

一

公元994年之前，崇安还未设县，其先前的行政地名，只称温岭镇、崇安场，隶属于建宁府建阳县管辖。后唐时期，官至左牛卫上将军的邑人彭迁归隐后，召集乡民在崇溪上游的东潺口垦荒耕田两千多顷，命为新丰乡，这是崇安县最

清代崇安县地理图 / 邹全荣 供图

临安坝／连荣华 摄

早的别称，后来建县以此为依据。新丰乡在崇安县母亲河崇溪之东畔，田塍肥沃，人居活跃，市井雏形俱备，原住民视此为县名，多以新丰取代崇安之名。

崇安古城选址定位，不仅取县邑之东、西、南、北、中五方乡土进行过秤比重，首选泥土比重人的地方设置县址，而且还根据东、西、南、北、中五个不同地方的泥土颜色来决定城乡里坊辖区地界的分划。经称土比重和土色比较，崇安县址被定位在现今的营岭、温岭一带。自宋以来，县署也经历了数次动迁的争议（一为星村，一为赤石），但一千多年来，崇安县址一直在古城的作邑之址上。崇安古城依山傍水，选址围绕"水绕三湾，福寿安康"的人居理念，古邑位于山环水抱之中。崇溪逶迤，县城有三分之二的边沿是绕着崇溪延伸的。西北面流来的西溪、东溪，在城北交汇后形成崇溪，因此，后人才在西、东两溪的交汇处建双龙寺，以祈西、东二水能照应本邑。为防洪患，县尹又在城东北廓的坑头巷让民众筑高台，建平水庙，供大禹神，以祈洪患不扰本邑，傍水而居者无水灾之害。

二

与崇安古城声誉同在的，是北宋时崇安县令赵抃。堪与"铁面御使"包

拯齐名的赵抃，在崇安县任职时，最惠民利政之举是带领当地百姓修筑了十五里之长的清献河和临安坝，因此深得民心。崇安县《古粤赵氏宗谱》记载："崇于淳化始升县，维时荒度未遍，安养未周，虽附郭平旷之土，民有目为旱区而弃之者，盖以土高水下，滋灌不逮也。公（赵抃）至，相地度宜，鉴皇而渠，引治西之流贯中城而南十里；……为沃区者万余亩。当公凿渠之初，撤徙民居。民有怨之者，公谕以诗云：'拆屋变成河，恩多怨亦多。百年千载后，恩在怨消磨。'""……迄今，民戴公泽，久而勿替，乃名其河为'清献河'，志不忘也。"在崇安古城内，随处可见以赵抃谥号命名的文物。

如果说清献河是崇安古城的命脉灵魂，那么临安坝则是武夷山下著名的古代水利工程。崇溪水路沿途，自宋以来就设驿路，崇安县境内的兴田水马驿、黄亭驿、公馆驿、长平水马驿、杨庄驿、大安水马驿，都要经过临安坝，溯崇溪入西溪，水浮路转，越分水关后，进入江西省。自赵抃兴建临安坝，崇溪发挥了更大的水运功能，它满足和保障了崇安古城的军事防务、商贸往来、庶民出行的交通需求。临安坝是赵抃建清献河之后的又一惠民理政之举。临安坝从崇安城南的南兴寺前砌起，过崇溪至东岸的东林庵下，临安坝对崇溪原有较低水位适度截流，通过筑坝抬升崇溪水位后，变成了"一水分二"，让溪水顺着东西两个方向的新渠流出，坝上的崇溪水面呈现了一泓碧波，崇安民众称其为

"青龙潭"，重要的青龙埠头就设于此，来往于崇安城东、城西两岸的民船客商络绎不绝。青龙埠头承载了万里茶道上南来北往的武夷岩茶贸易，是万里茶道起点武夷山连接闽赣古道的重要津口。

三

崇安这块风水宝地，早期就是古代帝王争夺的对象。汉建元六年（公元前135年）闽越王郢发兵与汉廷对垒，其弟馀善与同族合谋杀郢，以慰汉天子。而后馀善又被立为东越王，筑城"古粤"（今武夷山市兴田镇城村）。元鼎元年（公元前116年），馀善构筑6座城固守。今武夷山市城村的闽越古城即为六城之一，城内筑有宫殿。古汉城血积47.3万平方米，城内已探明大型建筑群4处，有居住区、冶铁作坊、烽火台、排水系统、道路等，出土大量陶、铁、铜制生产生活用具和兵器。可见当时的繁荣景象，为闽中重镇。

学者们认为武夷山的早期先民是古闽族部落的一个支系。在武夷山先民最早居住的部落里，有许多船棺。船棺把武夷山早期人类文明的足迹高悬在崖陬上。宋代理学家朱熹惊叹分布于武夷山悬崖峭壁上的船棺，他认为悬棺是远古少数民族部落的遗迹，是生活于武夷山的闽越族人的可视历史。"武夷君之名，著自汉世，祀以干鱼，不知果何神也。今建宁府崇安县南有山名武夷，相传即神所宅……颇疑前世道阻未通、川雍未决时夷落所居，而汉祀者即其君长。盖亦避世之士，生为众所臣服，没而传以为仙也。"（朱熹《武夷图序》）朱熹在这段话中把崇安与"神所宅"合为一说，由此可见崇安这方山水是神仙向往的地方，自然更是人间天堂。"君长"即"武夷君"，因为他具有权威，被认为是"神仙"。武夷君率众开发"避世"之地，目的是避开战乱，向往的是安宁之地，他把家园定位在这深藏福祉的崇山峻岭间，与部众勠力同心开创祥和安宁的世界。

四

在崇安古城的中心，即县署营岭所在地，一棵千年古樟如撑天巨伞，庇护着这片人文荟萃之地。这里是具有千载历史的崇安文庙，其地位在闽北"可执牛耳"。崇安文庙占地 30 多亩，至二十世纪 70 年代前，基本格局仍在，整体略呈"甲"字形，布局严谨，庭院宽敞，多座建筑为飞檐翘角、雕梁画栋，是武夷山这座历史文化名城的一颗明珠。在崇安城郊接合部，有许多人文遗存：城南社坊的朱氏豪宅，南门街的市井风貌，清代江右商人共建的江西会馆，戏班演唱与丝竹萦耳的南熏楼，香火兴旺的四隅里水东埠关帝庙，镇守北门水路的北门花桥，镇守南门水路的余庆桥和垂裕桥（只留桥墩遗址）。

在崇安城西南郊，有两个独特的村庄：太庙与官庄。太庙就在武夷山著名的悬棺所在地白岩附近，如今还留有白岩寺。当年汉武帝派使臣用干鱼祭祀

千年古樟/邹全荣 摄

武夷君时，山北一带悬崖绝顶的承天台，就成了闽越人十分活跃的祭礼场所，并且受到汉文化的影响，将以悬棺为依托的天祭先祖活动移至地面，开始建立山祖神庙，让山祖先民魂灵入土为安。何为太庙？礼制里规定的太庙是祭祀帝王的场所，在偏于一隅的武夷山难道有帝王可祭吗？我们无法找出肯定的答案。但是，武夷山黄柏一带，有的地名确实带有皇帝出行的传说色彩。比如"半路""超天"，其故事多少与太庙有些关系。黄柏溪流域一带民间有个经典传说：某朝时，有一位皇帝微服私访崇安，欲上西南郊最高峰顶去看看武夷群峰之景。一樵夫引循陡峭山径攀登，山路漫长险峻，皇帝本以为到了他欲登临的绝顶，歇下了脚步，可是樵夫说："客官，您才走了一半路程呢！"皇帝因耐不住登高之累，叹息道："走了这么久，登得如此高，都快超天了，却才走到半路！且罢，下山去吧！"皇帝半途而归，登顶愿望未得实现。后来此地留下了"半路"与"超天""太庙"这三个自然村和相关的地名传说。太庙的设立，祭祀对象就是这位微服私访的皇上。崇安县郊设太庙，主要供地方官员祭祀创邑之始者和城隍爷，一直是今天研究早期武夷山宗庙文化的原始标本。

1989 年 8 月 21 日，经国务院批准，崇安县撤县建市，崇安县改名为武夷山市，成为福建省第一个以山命名的县级市。至此，崇安这个古老而美丽的名字，永远定格在诗情画意中了。

余庆桥 / 王世亮 摄

和平分县城

和平分县城（又称和平古镇）位于邵武市和平村，是一座城堡式的大村镇，由城垣城墙、纵横交错的街巷以及鳞次栉比的明清民居建筑群共同组成，整体格局保存完整，形式独具一格。和平分县城建置始于唐代，由于中原移民的不断迁入和聚集，这里逐步成了邵武南部的政治、经济、文化活动中心，但这一时期尚未建立城垣城墙。

　　明万历十六年（1588年），为抵御李闯流寇的侵犯，和平乡民自发集资建造了城堡。墙体就地取用河卵石砌筑，与官方所建郡县城池用特别烧制的城墙砖筑造迥然不同。开设8座城门，东西南北四个主城门上均建有谯楼，紧扼交通要道，形制等级较高。现存东、北、南3座城门和3座谯楼。

　　东门谯楼名震东楼，坐西朝东，砖木结构，面积约为135平方米，三重檐歇山顶，枋间以竹编和泥草压制成墙板并抹灰，局部破损。一层东面木墙板完全损坏，西面的也破损一半以上。二层东面木墙板下半部分损坏，其他墙面基本保存完好。二层南面山花部分缺失。墙脚下存有清代设立的石碑，上书"禁止搬运，保固地方"，是和平"旧市三禁碑"之一。

　　南门谯楼坐北朝南，面积约为72.58平方米，为双层砖木结构建筑，重檐歇山屋顶，主体构架为穿斗式，围合墙体为闽北一带典型的空斗砖墙，整体保存状况良好。

　　北门名武阳门，北门谯楼称武阳楼。武阳楼面积约为76.43平方米，双层穿斗木构架建筑，重檐歇山屋顶，维护墙体同为木构，保存状况良好。武阳门直通入闽古隘道"愁思岭"。

覆满历史包浆的和平

戴 健

没到和平古镇之前，我对和平的"古"心存怀疑。当脚踏进和平那一刻起，我信服了和平是闽北古民居群的典范，是一处全国罕见的城堡式大村镇，而且是一幅蕴含浓郁农耕文化、古意盎然的水墨丹青。

一

位于闽北重镇邵武南部的和平，古称"禾坪"。古闽越先民早在四千多年前即在此拓土生息，在这块古老的土地上，点燃了文明之光。有文字记载的历史始于唐代，唐时称"昼锦"，宋为"昼锦乡和平里"。因唐代这里已经人口稠密，形成繁华的街市，故宋以后又称"旧市街"。元承宋制，明为"三十三都"，万历年间和平开始修宝塔、建城堡。清乾隆三十四年（1769年）设和平分县。修建和平城堡就地取材，全部用河卵石砌成，别具匠心。至今仍屹立的东门、北门谯楼见证了几百年的风雨；谯楼顶上，翻飞舒卷的仍是亘古不变的白云清风，沐浴的仍然是不老的朝晖夕阳。

这里古迹星罗棋布，不仅有城堡、谯楼、分县衙门，有明末著名军事家、大将袁崇焕题写塔名的聚奎塔，闽北历史上最早的宗族书院——和平书院，还有许多庵庙宫观、祠堂及义仓，更有300余幢明清民居建筑，仅建筑技艺精湛、雕饰精美、外观壮美的大夫第就有5座，是我国保留最好、最具特色的古民居建筑群之一。

古镇保留了完整的古街巷。城堡内有两条分别连接东西城门和南北城门

和平古镇／郑素容 摄

的古街，街道两侧纵横交错的大小巷道，有的中间铺青石板，两边铺河卵石，有的全部铺河卵石。贯穿古镇南北的旧市街，被誉为"福建第一古街"。旧市街两侧的店门尽管斑驳古旧，却遮挡不住古镇曾有的繁华。侧耳倾听，仿佛还能清晰地听见从街心青石板上传来的唐时的嘚嘚马蹄声、独轮车吱呀呀的吟唱，看见宋时摩肩接踵赶集的人群、志气飞扬的书生，闻到缠缠绵绵几百年游浆豆腐的芬芳。这种芬芳至今浓郁，满满的都是乡俗的滋味……

东门街两旁灰色的古砖墙，将石板街夹于其间，以其灰暗的色调和凹凸不平的面容展示着它的沧桑，仿佛每块砖里都藏着一个神秘的故事，每一道墙缝都牵引着古镇人的情愫。街面的石板，块块光滑，雨后更是光洁如镜，如诗如画。这光滑的石板是古镇久远的印迹，盛放在一代又一代古镇人的脑海里，难离难弃。古街两旁分布着近百条纵横交错呈网状的河卵石巷道，或长或短，或宽或窄，高墙窄巷，古朴幽远。陌生人走进去非常容易迷路，极具挑战性。古民居鳞次栉比，既有中原古风，又具地方特色，堪称古民居的瑰宝。

和平古镇历史文化积淀深厚。从唐代到科举废除时，和平出了137名进士，被誉为"进士之乡"。许多传统的民风民俗也传承了下来，如傩舞、三角戏、浴佛节传经、游浆豆腐、摆果台等国家级、省级和市级的非物质文化遗产。和平游浆豆腐的制作工艺堪称中国一绝，它是用老的豆浆作为酵母发酵而成，不添加石膏与卤水，是纯绿色食品。和平的油炸豆腐别有特色，有诗赞道："温柔玉板满盘鲜，扑入油花唱又颠。金甲披身香四逸，千烹万煮总缠绵。"还有泥鳅钻豆腐、熏烤鲤鱼干、和平包糍、和平田螺、和平米粉等烹饪绝活，名闻遐迩，享誉久远。

和平古镇西门田园风光／韩元辉 摄

二

　　"花绽百姿草竞妍，鸟鸣千啭蝶翩跹。篷船摇橹漪澜丽，骏马扬鬃将甲坚。"这首题为《砖雕》的七绝，描写的就是和平古镇美轮美奂的砖雕。和平古镇砖雕不仅数量多，而且巧夺天工，件件都称得上艺术珍品。行走其间，犹如置身艺术的殿堂。

　　坐落于距古镇东门一百米处的李氏大夫第，为奉政大夫、知州李春江与奉直大夫、直隶州州同李奇川的宅第，此门李氏清晚期"一门九大夫"。其门楼为砖石构六柱五间一门牌坊式八字门楼。门楼左右三组梯级挑檐，烘托出顶檐的上冲之势，整个门楼气势恢宏，极为壮观。挑檐砖质斗拱层叠，样式华丽。砖雕内容丰富，有历史人物故事、多种动植物和古祥图案。砖雕以大门的中间为中轴线对称展开，注重在对称中求变化。中轴线两侧画幅讲究对称美，画中的内容却不是一模一样的，但都风采动人，栩栩如生。八字面的墙上有四幅《三国演义》的典故："斩颜良""华容道""长坂坡""博望坡"。四幅砖雕采用了浮雕和镂空透雕的技法，所雕人物造型精美，将人物的喜怒哀乐惊展现得淋漓尽致。还有一幅"宋太祖千里送京娘"的砖雕，人物战马形状生动，雕刻玲珑剔透，画面极

李氏大夫第／戴健 摄

精美砖雕／戴健 摄

为精美。门楼雕刻这些历史人物故事，折射出房主人崇尚"忠""勇""义""孝"的理念。此外，雕刻精美的松、竹、梅、鹤、鹿、麒麟等组合的画面错落有致分布在巨大的门楼上，极具美感。最奇特的是，在题额上方左右两边各有一只凤，一条雕刻精细、活灵活现的盘龙。不过所雕之龙在凤的下方，与传统的龙在上凤在下正好相反，是典型的清同治年间产物，历史时代特征非常明显。在这里既可欣赏精美绝伦的砖雕，也可感受到历史的印迹。

坐落在和平街东侧的黄氏大夫第，合院三进二厅，正厅为一厅三天井，均三开间，南侧有护厝。砖石构四柱三间一门牌坊式八字门楼，砖雕丰富精美，富丽堂皇，有简洁疏朗的图案，有内涵深刻的画面。四幅主画面采用粗犷的写意技法，雕刻了梅、竹、松、锦鸡、鹤等物，谐喻"松鹤延年""富贵长留""竹报平安""锦绣美满"，既有深刻的文化内涵，又有浓郁的地方特色。与李氏大夫第写实的砖雕对比起来欣赏，别有一番情趣。

三

和平文化炽盛，和平书院承载了教化的使命。古朴苍老的和平书院，至今仍然挺立在古镇之西的深巷间，它是后唐工部侍郎黄峭归隐故里时创办的。黄峭心怀复唐的志向，面对不可逆转的局势，没有苟且于朝堂，毅然地选择了归隐，在和平根植了培育才俊的梧桐。初创时，和平书院是一座黄氏宗族自办学堂，专供族中子弟就学，开创了和平宗族办学的先河。邵武南部各姓氏宗族竞相效仿，宗族办学自此相沿成习。

自宋以后，和平书院逐渐成为一所地方性学校，吸引了一大批历史上著名人物到书院讲学。宋代著名理学大师朱熹、程门立雪的杨时都曾到和平书院讲学布道。和平书院东面门上的"和平书院"四字就是朱熹题写，伫立其下，

朱熹题匾和平书院／戴健 摄

犹闻那铁画银钩弥漫的墨香。和平历史上文化教育的发达，营造了和平千余年读书求学的氛围，文风炽盛，造就了一批又一批英才人杰。宋代大理寺丞黄通、司农卿黄伸、榜眼龙图阁待制上官均，元代国史编修、文学家黄清老等，都是身着青衫从和平书院走出、跨入峨冠博带的人臣之列的。

沿着被学子的步履研磨得如镜的青石板路，缓缓接近书院。斑驳的马头墙和墙头的野草显出岁月的沧桑，我的眼睛从时光的深沟里打捞起学子匆匆的身影。驻足书院的院门口，心间陡然而生敬慕之情。和平书院始建时是什么模样，已无处可知。在千年的时光中，它塌了又建，建了又塌，绵延而不辍，生命力之顽强令人感叹。现存的书院是修建于清乾隆年间的建筑。院门青砖而筑，匠心独运，顶部形状像一顶官帽，三扇门形成了一个"品"字。"品"字形院门寓"万般皆下品，唯有读书高"和"学而优则仕"、要做官就做有品级的官之意，砥砺学子勤勉学习。一个"品"字，不知桎梏了多少人的才情，身陷道德、八股之中，但它又是当时读书人最好的出路，让读书人不追求也难。

和平书院居于古镇一隅，尽管不如白鹿洞书院、岳麓书院、嵩阳书院、应天书院名满天下，但它教化一方子弟的操守却不打半分折扣。它将儒学的思想浸染进古镇的每一条街巷，绵延千年。至今民居中遗存的"忠孝持家远，诗书处世长"，"世间只两样事耕田读书，天下第一等人忠臣孝子"的竹木刻楹联，仍流淌着儒家文化的芬芳。

卫所、水寨、巡检司

大京所城

定海所城

琴江水师旗营

闽安巡检司城

梅花所城

万安所城

莆禧所城

平海卫城

小岞巡检司城

崇武所城

福全所城

厦门所城

鼓浪屿龙头山寨

镇海卫城

六鳌所城

铜山所城

悬钟所城

平海卫城

平海卫旧称南啸，是明清时期重要的海防据点之一。卫城位于今莆田市秀屿区的平海镇平海村，始建于明洪武二十年（1387年）。当时，江夏侯周德兴奉命巡视福建沿海，出于海防需要，下令拆除镇海堤石，用来构筑平海卫城和莆禧所城。翌年，为提升平海卫的防御能力，又在平海卫一带的海域设置多个千户所、水寨、巡检司及烽火台等。

平海卫城初建之时，城墙周围806.7丈，高2.4丈，宽1.4丈；雉堞1310个，铺舍34间；开设4座城门，东门，西门，大南门，小南门，各建有城楼，现仅余城墙遗址。

嘉靖四十二年（1563年），平海卫城被倭寇攻陷，城墙及城内建筑损毁严重。直至隆庆四年（1570年），卫城才在清廷和当地乡民的共同努力下得以重修。

上世纪60年代，平海卫城城墙被拆毁，至今仅存城墙遗址。卫城内的宗教建筑保存较好，最具有代表性的就是平海卫天后宫。

天后宫占地3300平方米，建筑面积1664平方米。建筑群分大门、拜亭、大殿、廊庑。大殿为重檐歇山顶，抬梁穿斗混合木构，面阔五间，进深五间。屋顶及廊庑由108根木柱承托，因此又叫"百柱宫"。宫内檐下四周用108块青石铺成内院埕。大殿前为著名的师泉井，同样也是用108块青石砌筑，构成罕见的方形井。

链 接：

明初福建海防卫所体系建设，明代洪武年间，为防止东南沿海倭寇的频繁入侵，朱元璋派出汤和、周德兴等重臣经略东南海防。在福建沿海的岬角或半岛上设立了5卫、12守御千户所及45巡检司，屯兵筑城，巡视海防，形成以卫为中心、守御千户所为支点、巡检司为散点的沿海海岸防卫体系，以及以水寨为核心的海上防线，建立起了海陆联防的海防体系，基本奠定了明代福建海防的基础。

行游平海古城

肖海英

有人说，一个地方之所以美好、吸引人，不光是因其秀美的风景，还有历史赋予它的厚重的文化底蕴。枕山襟海、风光旖旎的滨海小镇平海就是这样的一个地方，她的美，不仅在她天生丽质的山水，更在她浸淫在骨子里的浓浓的文化底蕴。

说实话，打小我就从心底感激平海，因为我就出生在这个小镇，因为她的美，让我一直以生长在这里而自豪并幸福着。纵然岁月变迁，都难以泯灭我心中家乡的烙印。爱她幽深巷道里的斑斑青石，爱她剥落的暗红门楣，还爱她

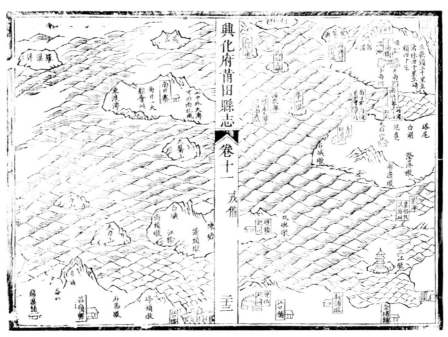

平海一带城防图

渐渐变淡的绛红色的砖瓦片和墙头上冒出来的青草，它们相互映衬出古城的斑驳和生机，散发着古城原汁原味、新旧交融的浓厚气息。

平海位于莆田三大湾之一的平海湾突出部，东南两面临海，距莆田市区43公里，离秀屿区26公里。平海有其独特的文化和历史，而这文化和历史来源于其独特的地理位置。因地理位置的特殊，元、明、清三个朝代，平海成为倭寇频繁侵犯、洗劫的地方。曾经在宋代繁华昌荣一时的平海港口、卫城，经过几番血雨腥风的洗礼，几近沦为废墟。多灾难的历史孕育了丰厚的文化土壤，使平海成为远近闻名的"海滨邹鲁"，素有"东方夏威夷""莆田天涯海角"的美称。虽然岁月无情，历经战火洗礼，几番风雨飘摇几番浮沉，但如今的平海，依然是一个经济文化昌盛的滨海渔村。

地名是一个地方的神奇符号。关于"平海"地名的由来，还有一段美丽的传说。传说唐以前，这里台风频发，怒海啸天，故取名"南啸"。公元1367年，朱元璋亲率水师北上攻打温州城，途经平海湾附近海面时，遇台风袭击，惊慌失措之际见一女子脚踩祥云从天而降，以神灯引航，引舟入澳，大军靠湾登岸后见女子飞进海边的天后宫，方明白是妈祖娘娘施救，又见湾内海阔滩平，一派平和，朱元璋大喜，遂赐名"平海"。

平海古城背倚朝阳山，面向平海湾，三面临海。临近平海，可见一条大道分为三叉，往北可登朝阳山，往南可看平海湾，中间一条路贯穿平海村，将村子一分为二。到平海，一定要看山。朝阳山脚，有城隍庙、进士坊，深山藏古寺，朝阳山上翡翠般的绿树浓荫无法掩映住红砖绿瓦、飞檐翘角、有着六百多年历史的玉霄宫。玉霄宫是平海村众多庙宇里海拔最高的一座，显示了"玉皇至尊"在十方三界的崇高地位。

平海卫城城墙遗址就位于朝阳山之顶，这里原为平海卫城一部分，建于明洪武二十年（1387年），是我国东南沿海古代重要海防工程之一。据载，明初朱元璋重视海防建设，派遣江夏侯周德兴到福建巡访沿海，在海防要塞之地设置卫所，兴筑卫所等重要国防工程。平海卫城成为福建陆海兼防的较为完整的海防体系重要的一环，从明代以来，一直是海防要地，在防御倭寇的侵犯上发挥重要作用。上世纪60年代，卫城被拆毁，昔日保家卫民的城墙只剩下一段段断墙残垣，它们静默于田埂中，虽被荒草淹没，被长势逼人的剑麻遮蔽，但青石筑就的城基依稀可辨。城墙遗址是身边触目可及的历史遗痕，每一段城墙都有一段难忘的历史，也有一段可歌可泣的故事，它是平海人民对抗倭寇、强盗的血泪史，也是平海历史的特殊记载方式。刀光剑影已渐趋暗淡，千百年的硝烟已化作似有若无的风，消逝在岁月中。晒着今天的阳光，读着过去的历史，追昔抚今，时光流逝，令人感慨万千。

往南走，平海村东南方，有烟波浩渺的平海湾，一眼望不到头。站在海边，放眼望去，大浪奔涌，海风袭来，顿生天高海阔之感，总能让身临其境者萌发

城隍庙 / 许紫阳 摄

进士坊/许紫阳 摄

出"怅寥廓，问苍茫大地，谁主沉浮"的诗意来。阳光下举目远眺，天蓝得可爱，海温柔辽阔，海天一色，波光粼粼，舟楫片片，海鸥点点，渔民们或撒网捕鱼，或吊养牡蛎，一派繁忙的景象。侧身眺望，夕阳西坠的时候，夜在这个海滨小镇拉上了帷幕，晚风习习，夹带海水微咸的腥味和凉意吹拂着脸庞，平静的海面倒映两岸阑珊的灯火，偶尔有只渔船漂过海面，点缀着"渔舟唱晚"的诗情画意。

平海风光看不尽，到平海不仅要看山看海，也要游览名胜古迹。平海湾金色的沙滩上岩石奇形怪状，有"南啸归帆"之称，为古代莆田沿海十景之一。绵延五里长的金色海岸线上，就有"平海渔港码头""赤哆黄金沙滩""师中贞洁坊""爱情岛"等名胜古迹30多处，更有全世界最古老、保存最完整的宋代宫殿式原构妈祖行宫"平海天后宫"。天后宫位于平海古卫城南门外，俗称"娘妈宫"，创建于北宋咸平二年（999年），距今有一千多年的悠久历史。天后

玉霄宫/何云基 摄

天后宫 / 许紫阳 摄

宫是平海现存文物价值最高且历史意义重大的一处古迹建筑，它是世界上第一座妈祖分灵庙，也是研究妈祖文化、平海地方史、沿海军事以及闽台关系的重要实物依据。这里的每一块石头，每一根柱子，每一尊雕像，似乎都在诉说古老而又动人的故事，它们都在千年的守望里，见证着历史的风云变幻。

虽然，古城的历史像奔驰而过的列车渐行渐远，古城的一些遗迹也被时光的流水渐渐湮没，但历史的印记依然清晰可辨，在浓缩的一寸寸光影里，古老的街巷，古老的房屋，目之所及的每一个地方都有历史，都有典故，都能触及灵魂深处的柔软幽静，古城的每一寸土地都能让我们敬畏神往。

镇海卫城

镇海卫城位于龙海市隆教畲族乡的镇海村，辖区范围广阔，包括六鳌、铜山、悬钟三个千户所。属明代福建沿海抗倭的五个卫指挥所之一，与天津卫、威海卫、金山卫并称明初四大卫城。

始建于明洪武二十年（1387年），江夏侯周德兴修筑。城周围8/3丈，高2.2丈，宽1.3丈；雉堞1660个，垛口720个，铺舍20间；开设有4座城门和1个水门，各门建有门楼。其中，南门外另建有瓮城。

由于明代中后期倭寇的侵扰，镇海卫城墙屡遭破坏。嘉靖四十年（1561年），"饶贼"张琏率部从水门攻入，袭陷镇海卫城。城内军民被杀无数，城墙城垣被严重损毁。

清代时期，海防政策发生变化。清顺治十八年（1661年），清廷对沿海实行迁界政策，卫城位于清廷规定的界土之外。康熙六年（1667年），清廷下令裁卫，镇海卫城逐渐被废弃。

现在残存的卫城城墙长约2700米，残高4—7米，墙体全部以条石一丁一顺砌建，以宽约40厘米、长约1米的条石双面砌筑，中间填充夯土；断面呈上窄下宽的梯形，无雉堞。除城墙外，东门、水门及南门保存较好，城门用条石叠砌。其中南门是保存最好的一座城门，面朝大海，以花岗岩条石密缝干砌建造，拱券顶门洞，南门外筑有半圆形瓮城，内有土地庙一座。土地庙建于天启二年（1622年），名福德祠，以石砌筑，高约1.1米，宽约1.2米，进深约1.2米。

现卫城内尚存3条古街巷，南门街有明代"父子承恩"石牌坊1座，北门外保存较好的有清时重建的城隍庙，卫城中部有文庙遗址，南门的城墙内有明代福德祠。此外，还有明代的罗汉石造、义学碑记、昭毅将军残碑、关帝庙、梳妆楼遗址和金鱼池等古迹。卫城遗址于2013年被公布为国家重点文物保护单位。

链　接：

迁界：清初，为削弱郑氏海军的反清势力，清廷濒海设界，强制在界线内的沿海居民迁移。此举扼杀了中国沿海资本主义经济的萌芽，产生了严重的恶性影响。复界：康熙二十二年（1683年）六月，清政府统一台湾，结束了两岸对峙的局面。康熙审时度势，做出"复界"的决定。安排被迫迁离的沿海居民重归故土，正式下令开海贸易。

🔲 临海听风访卫城

甘忠国

早就听说，在毗邻厦门的龙海市有一座古城堡，其历史比漳浦县赵家堡还早一百八十多年，其规模比赵家堡大一倍以上。那该是什么样子的呢？我想象那里应该被辟为旅游景区，城上旌旗猎猎，炮口森森，令人肃然，更有那复古的将士手握锃亮的刀枪在城头巡弋，招揽游客……但见了之后，却难掩失望之情。这就是明代"武功慑海疆，文教冠闽中"的南疆锁钥，被称为"中国卫城"的镇海卫吗？只见颓垣残瓦、眢井废基，几处坍塌的城门，荒草萋萋，看上去像无人祭扫的坟墓一般荒凉孤寂。就剩下这些了吗？它们无法喂饱我的眼睛。

东门/占冀源 摄

待逛了南门古街之后，我心中自念阿弥陀佛，庆幸有这么一段古迹如哽咽的残梦留给岁月重温至今。"人世几回伤往事，山形依旧枕寒流"，仅存的这些物件，被似水流年抚过，泛出淡淡的乡愁和忧伤。记住这些，并告诉后代，这里是一块风水宝地，一块有故事、有血有泪、气魄非凡的土地！

南门的城墙和门洞还是旧时的模样，都是条石砌成。由于天长日久，条石看上去已黯淡缄默了，石缝里面的泥沙早已被时光挥霍殆尽。门洞像一个驼背的老人，弯得有点夸张，似乎哪一天刮过一阵风，门墙立马哗啦啦就坍塌了。仔细一瞧，倒向海边的不全是地基的作用，右边的墙头有一棵数百年的古榕，钻入墙壁，把墙体撑变形了。我憋着一口气，迅速穿过门洞，发现门外两侧又筑有一座半月形城墙，右边也有一个城门。哦，这就是瓮城，本地人也叫月城。月城可藏兵纳将，瓮中捉鳖，敌人进来，凭他再大的本事，也插翅难飞。

南门/占冀源 摄

　　跨山月城大门，发现城下陡绝，以海为壕。往前走几步，胸口被海风吹得鼓起来。壮观的隆教湾、洁白如莹的沙滩、湛蓝湛蓝的海水扑入眼帘，哗哗哗的涛声不断拨动着心弦。我仿佛穿越到六百多年前的大明朝堂之上，明太祖朱元璋又接到福建海防奏报，倭寇猖獗，沿海居民苦不堪言。他眉头一皱，目光在满朝文武大臣的脸上扫了一圈，最后他想起了那个鬓发苍苍的老将。没错，就是他了！皇帝写信给这位已经衣锦还乡的老将："福建功未竟，卿虽老，尚勉为朕行。"

　　于是，镇海卫的春天来了。这位老人，就是镇海卫的创始人周德兴。据《明史》记载："德兴至闽，按籍金练，得民兵万余人。相视要害，筑城一十六……"镇海卫城就是其中之一，且规模筑得相当大，相当气派。建成之后，设卫指挥使司及前、后、左、右、中五千户所于此，另有六鳌、铜山、玄钟三守御所各千户属之，合计拥兵近万，与天津卫、威海卫、金山卫列为明初四大名卫。

　　退出南城门，稍一抬头，有座牌坊南北坐向，横在街头。这就是大名鼎鼎的世阃坊了。牌匾正背两面分别镌书"父子承恩""祖孙专阃"。可惜的是，现仅存半块牌匾掉落在牌坊边上。这座为明朝镇海卫都指挥使徐兴、徐文、徐

南门月城／占冀源 摄

麟祖孙三代立的牌坊，泛出古早的光晕，与古街相映成趣。

　　徐麟不是镇海卫最高长官，仅是二把手。最高长官的职务是指挥使，正三品（明代省级最高长官为从二品），叫袁义，也是世袭。徐麟是《镇海卫志》记载的最后一名指挥同知，从三品。不清楚为什么袁义没有立牌坊，第一名指挥同知、对镇海卫的建制功不可没的桂福也没有立牌坊，而徐麟却立了。

　　除世阃坊外，镇海卫内还有理学名臣坊、舆徒颂德坊、进士坊、崇祀名贤坊、孝子坊、烈妇坊、节妇坊七座坊表。卫内依例建了文庙、学宫，设有从九品的儒学教授，并配有辅佐教授教诲生员的训导等学官。城中有东瀛书院，人才辈出，曾被誉为"文教之盛，冠于闽中"。自周瑛（理学名臣、进阶从一品）以后，又涌现了何楷（加正一品）等进士二十一人。由此可见，镇海卫坊表众多，也就不足为奇了。

　　穿过世阃坊，面前是一条宽八九米、长数百米、依山而建、南北向高低错落有致的古街。在明代，这里是漳浦、海澄等附近村民赶集之所。拾级而上

世阃坊／占冀源 摄

古街与古民居 / 占冀源 摄

的古街，尽管在岁月里残败，但骨骼在，格局在，依然保持端庄旧颜。遥想当年，这里的军民数以万计，挑葱卖菜、餐饮药店、米市糖行布店等充斥其间，何等喧嚣热闹。我的眼光所到之处，尽是"石"字当头。古街的街面，仍然是从前的模样，一律是石头铺砌的；两旁的古民居，也是石头厝。石条、石墩、石磨、石板、石凳、石墙，甚至窗户，也是石窗……想必是就地取材吧。这里离牛头山古火山口也就七八公里，几千万年前那场惊天动地的火山喷发，遗下了无数玄色的火山石，散播在方圆数十公里的村庄。这里的每一块石头都历经地壳深处熔浆和烈焰炼狱般的洗礼和考验。随便找一些垒砌起来，不仅遮风挡雨，也似神秘的图腾，蕴含想象和悲欢。

　　沿着石阶步步递进，快到街尽处，发现两边各有几口古井。我随意到井边一探，井水清澈如镜，照得见人影，打上来一桶，饮之则清甜甘冽，倦怠顿消。处处有井，是镇海卫的一大特色。据传，建城时有古井九十九口，今大多尚在。井水哺育了万千军民，但在特定环境下，却成了古代"烈女""节妇"赴难的

归宿。《镇海卫志》载："（嘉靖）四十年闰五月十三日夜，饶贼张琏率众袭陷镇海卫城，杀掠官军无数。"张琏是广东饶平人，嘉靖三十九年（1560年）五月在饶平山中称帝。张琏军攻陷镇海卫后，许多妇女忠贞不屈，投井而死。《镇海卫志》载："本卫陈应科妻……叹曰：'贼已盈城，逃将焉往？'既而贼攻其门，黄义不受辱，即投井死。""本卫黄师文妻，黄氏、朱氏姑嫂被贼执，俱投井死。"遗憾的是，如此淫威不屈、慷慨悲歌，她们死后却没能留下名字，她们的后人也没在井边竖个廉价的木牌啥的以资纪念。

佛祖庙，仅仅是一间小屋，它居中而坐，是古街的终结者，内中端坐的佛祖，始终无言，但他默默地注视着卫城的兴衰与变迁。

明洪武二十五年（1392年），也就是镇海卫建城五年之后，江夏侯周德兴被发小朱元璋皇帝"以其子骥乱宫，并坐诛死"。

明嘉靖四十一年（1562年）三月，称孤道寡不到两年的张琏被俞大猷"遣千总游瑞清、副千总吴顺平计擒之"。颇具讽刺意味的是，建卫者和乱卫者，最终都没有好果子吃。

明隆庆三年（1569年），总兵张元勋重修镇海卫。清顺治十八年（1661年）九月，清廷为截断沿海百姓对郑成功军队的接济，下令大规模迁界。福建、浙江、广东、江南（江苏）四省近海处居民内移三十至五十里，并毁屋弃垣，公署、寺庙、民屋等全都付之一炬，成为"弃土"。由此，镇海卫和六鳌、铜山、玄钟等城同时毁弃，无一幸免。康熙六年（1667年），清廷正式下令裁卫。从此，镇海卫成为历史名词，逐渐淡出人们的视野。

站在佛祖庙前，举目四眺，脚下的一片碎瓦、一角残砖、一根枯草、一枕断梁，无不涌动着火焰和星光。那些筑城时玄色的火山岩还在，或静卧、或翘首，东一块，西一堆，零零散散，海风掠过，发出丝丝声响，宛如长吁短叹，应和着古城墙下落日余晖里千古不息的涛声。

梅花所城

梅花所城位于今长乐市的梅花镇，属镇东卫辖区。梅花镇的建制始于唐代，因种植梅花而得名。唐武德年间置梅花坊新开里，宋元设置梅花巡检司公署，明初在此设北乡巡检司。

明初江夏侯周德兴奉命前往福建督建海防，于洪武二十年（1387年）委任福州右卫指挥李荣督造梅花所。梅花所城地理位置极易防守，居高临下，三面临海，南部倚山，以龟山为中心修筑。初建之时，周围648丈，高1.8丈，宽6尺；雉堞1220个，敌楼24座，窝铺20间；开设东、西、南3座城门，东门面海，南门面山，西门为水门，城外开挖壕沟。

清代卫所制度逐渐消亡，梅花所城的海防军事作用逐渐消失，仅作为居住的城池。后因沿海局势严峻，倭寇屡屡侵犯，康熙二十二年（1683年）清廷又下诏恢复故土，但梅花所城因年久失修已成为废墟。康熙五十八年（1719年）长乐知县卫良佐对其进行重修，改所为寨。雍正、乾隆年间多次对梅花城进行修缮。

民国时期，梅花所城城墙年久失修，大面积坍塌损毁。1949年后，当地居民拆毁城墙用以修建房屋，以致所城大部分城墙倾塌无存。

梅花所城现仅存东门至水门一带的城墙，以及东、西、北城基址。东门城墙长10余米，高3.4米，厚2.26米。其城墙分为内外两层，均以宽约30厘米、长约1米的花岗岩垒砌而成，内外墙之间以夯土填实，采用多顺一丁的砌法建造。另外，所城东门也保存较好，为长乐市级文物保护单位。东门分为两层，外层门洞为拱券门洞，门洞高约3米，门扇现已毁；内层为方形门洞，内侧顶部有石条层层出挑作石雀替，可以推断出城门上原建有门楼，但门楼已毁，形式不可考。

"闽江南喉"梅花城

苏　静

　　站在家乡的任何一处高地，往西南方向眺望，海天交接处有一个很诗意的古镇，她的名字像花儿一样芳香，那就是长乐梅花镇。记忆中的梅花镇，是幼时老人所说的：梅花与家乡定海隔着闽江遥遥相望，并称"闽江南北喉"，那里也有一座古城，跟家乡一模一样。于是，对梅花古城有了魂牵梦绕的牵挂。记得郁达夫在他的《闽游滴沥》里留下了这么一句："听说长乐县的梅花村，是产美人之乡。"此后，每每阅读郁达夫笔下关于福州女子的描写，就会忆起"梅花出美女"的佳话，因而总是憧憬着有一天能去那地方看看古城，一睹美女的倩影。

　　第一次探访梅花所城，那是八年前的 3 月 21 日，那时正是北方沙尘暴袭击南方天气阴霾的日子。我独自一人去了一趟长乐梅花镇，只为一睹梅花城的古韵。一下车，渔村的苍穹下，灰蒙蒙的，犹如燃起了战火烽烟，使古城梅花更添了一份历史的厚重。第二次探访，则是在去年的一个冬春之交。

海边的梅花古城／颜家蔚 摄

梅花古城地势虽高，却不陡。当然，古城的小巷也很多，如一道道的河流纵横交错，环环相扣，一条青石板铺砌的干道穿越其中，成为古城的老街。街面上，老样新式的房屋交替出现。老厝，黑瓦白墙，飞檐翘角，犹现当年古城风采；新居，水泥阳台楼鳞次栉比，与天比高。漫步于梅花的石板古街，你可以享受"左手买烟，右手买火（柴）"密集型"店家一条街"的惬意。有时，小巷里会冷不丁地闯出一个清纯的渔村美女来，古老与时尚的反差拂面而来，如一幅江南写意画次第展开，让我顿生时空倒错之感。

伫立一道保存完好的城门前，只见一段残缺的城墙，连着城门。城门全部用条石垒筑，呈拱形。历尽岁月风雨的洗礼，古城显得有点苍老，但骨骼依旧坚实。只有那一座依附在城墙边的吊脚楼，似一位饱经沧桑的老人，向你诉说梅花的建城往事：明洪武二十年（1387 年），江夏侯周德兴经略福建，奉命建造城池，他委派福州右卫指挥李荣进行督建。城建于沙冈，三面临海，延袤三里。与闽海众多所城一样，梅花城历代屡修，曾经四次重修。最后一次则是在清乾隆二十七年（1762 年）由长乐知县贺世骏领帑重修。这位富有文学才情的县令还在《梅城弄笛》一诗中这样写道："梅花丛中斗城悬，傍水依山面面妍。长笛一声倚画阁，清音几曲入云天。兴来掩抑情何极，吹到悠扬怨亦捐。最喜月明风静候，楼中有句忆青莲。"他借李白的诗，一曲梅花落的笛声，洒满五月的江城，营造了"梅城弄笛"的意境，虚实相生，读后让人回味无穷。至今尚存的东门一段城墙虽然屡经风霜，但比起他处，保存还算完好。一段斑驳的墙体，昂立悬崖之上的千户所故垒，穿越了六百多年的硝烟和风雨之后，它用沉默的方式告诉我们这里曾经发生的战火烽烟，如同那永不停止冲击沙滩的潮水。

梅花古城墙围绕着将军山麓而修建，均由花岗石块垒筑，三面临海，延袤三里，龙盘虎踞，雄伟壮观。穿过古老的城门，仿佛走进时光的隧道，在这

里，每走一步，皆有可能踩到一段尘封的历史；在这里，每驻足一次，每一处古迹，都将向你展现一段刀光剑影的故事。这不，大路转弯处，果见一古庙。庙上方正中大字书"林位宫"，下方则书"调羹胜境"。这是为了纪念四百多年前"草鞋退倭寇"的林位而建造的庙。林位何许人也？翻查有关史料，原来林位是明嘉靖年间奉命镇守梅花城的邑侯。时逢倭寇大兵压境，梅花城告急。危急关头，林位棋走险着，乔装改扮成小贩，经小巷潜至城外，叫卖三四十厘米长的草鞋。此举被倭寇头目引以为奇，询问如此大的草鞋有何用处。林位谎称，梅花城内军民身高体壮，这种草鞋就是特为其定制，并趁此机会泄露消息，实则夸大了城内军事部署情况。倭寇头目不明就里，听信其言，果然脸有惧色，急令退兵。正是林位的足智多谋，使梅花城化险为夷。后来，林位因积劳成疾，病逝于梅城。梅城人为之建庙立碑，铭记他的千秋功德。如果说古城是梅花骨骼的话，那么林位公就是梅花的魂了。

梅城有梅吗？答案是肯定有的。早在一千多年前的唐武德年间，这里因满山遍植梅花，从而有了这样一个充满着诗意与芳香的名字。因为要在沿海

梅花古城墙 / 郑碧云 摄

筑城御倭，明朝洪武二十年（1387年），梅花所城应运而生。不过，多年前我第一次踏遍梅花城的每个角落，竟然没有寻到一处梅花的树影，或许是我错过了梅花绽放的时节？又或许我没有用心地找寻？然而，我分明感觉到梅花城深处的一阵阵芳香，正悄无声息地向我袭来。让我始料不及的是，仅隔八年的时间，今日的梅花所城已在将军山上遍植了品种繁多的梅树，芳香四溢梅花城，终于让梅花城名副其实。

漫步新近修葺一新的古城广场，凭吊城墙旧址、古井遗墩，顿生怀古幽思之情。抬头望去，倚山面海的梅花古城略显老态，似乎不胜风力，摇摇欲坠，却矗立了六百余年。寻路上了将军山麓，山顶的"梅壶友谊楼"依然在海风中坚强地矗立着，它向人们述说着一段美好往事：明朝嘉靖年间，梅花、壶江两乡渔民在闽江口协同抵抗倭寇，用鲜血和生命护海御边，从而结下生死情义。2001年，壶江、梅花两地人民共同出资建造此楼，登楼眺望，近处城景，远处岛屿，尽收眼底。

时至今日，梅花早已不是当年那个偏僻的海边渔村了，如今的她，已是一个繁荣富庶的小镇。江海交汇的海域，总有异常丰富的物产、珍稀的鸟类。鳝鱼滩上的自然湿地将会告诉你，这里地处闽江口，芳草萋萋，鱼翔浅底，是鸟的天堂。同样，历经岁

月苦难的乡村，一定也是奔涌肝胆忠义的一方浃土，屹立于将军山上的梅壶友谊楼，还在延续一段世代不绝的情缘。今日的梅花，就像一位妙龄少妇丰韵多姿地屹立在闽江岸边，撩人心魄。正如福州著名作家陈章汉先生在《梅壶友谊楼记》一文中所述："地不在大，有门窗广纳清风朗月；楼不在高，有飞檐可挑烟雨苍霞。"

二次探访梅花城，不为别的，只为那可以想起往事的古城，只为那可以带走心事的闽江之水，只为了那足以涤荡心灵的梅香。今天，我再次独自来到这里，只是对梅花城做一次表层的端详，如品茗一味禅茶，要想完全地品出梅花城的韵味，你必须进入古城的深处，深入再深入，用你的内心去体味梅花城的厚重底蕴，你或许才能咀嚼出这座古城的芳香。

啊，古城梅花，梅花所城，请你相信，我还会第三次来访的……

古城一瞥 / 王月晓 摄

万安所城

万安所城位于福清市东瀚镇的万安村，与梅花所城同属镇东卫辖区。始建于明洪武二十年（1387年），与福建沿海的其他所城相同，是为了抵御倭寇侵犯，由江夏侯周德兴奉命监督修筑。城墙墙身为花岗岩砌筑而成，初建之时，周围525丈，高1.8丈，雉堞827个，铺舍13间，敌楼18座；设4座城门，其中东、西、南三座城门临海而建，其上均建有城楼。

　　同时，万安村寨山之巅建筑了万安烽火台，为万安古城军事防御工事重要组成部分。明廷屡遭从海面来的倭寇袭击，为了抗击倭寇，在福清按"五里一墩、十里一城"的规模在沿海建造海防工事，福清海岸沿线共建造27座大小不一的烽火台，万安烽火台为现存最为完整、规模最为壮观的一座。

　　顺治十八年（1661年），清廷下令"迁界"，福建、广东、江南、浙江四省滨海居民各向内地迁移30至50里。万安所城内的居民全被内迁，万安所城一度成为了一座空城。

　　万安所城现存残墙三段，城门门座一处，炮台一处。其中东段城墙长约45.5米，高约5.3米，厚约4.5米；西边南段城墙长约70米，高约4.8米，厚约4.5米；北段城墙长约80米，高约6.2米，厚约4米。南门门座宽约5.2米，高约3米，是福清保存较完整的城址。1981年，万安古城残墙被公布为福清县文物保护单位。

背枕高山，面朝大海

黄文山

　　我们乘坐的汽车沿着龙高半岛的公路干线向东南一路疾驰。车速够快，但半岛的道路很长，车子驶过龙田镇、三山镇、高山镇而后又进入东瀚镇，道路还在前方延伸。半岛的形状正像一只巨型章鱼，伸出大大小小的触角，海就在它的触角下，形成一个又一个港湾。车窗外是迤逦起伏的山峦，大约因为海风大的缘故吧，山上看不到连片的树木，只有一块块大大小小裸露的石头布满山坡，如同一群群石头的聚会。满山的石头，在蓝天白云下，忽然生动起来。它们或团团围坐一圈，谈兴热烈；或三三两两漫步山间，悠闲自在；或独卧草丛，酣然而睡；或昂首凸肚，仰天长啸……这里是石的家园，也是石的舞台，

万安所城墙／龚张念 摄

石头们在这里尽情展示它们的个性，却让人看尽世间万千情态。这就是万石山，旧时福清的十景之一。

万安村位于万石山山脚的面海处，天生一个好港湾：两道长长的山隈，像两条柔软的手臂，紧紧地守护着这片大海。海面开阔，水色湛蓝，波平浪静。这里是天然的避风良港，台风来临时，港湾千舟来集，帆樯如林，如同一次次海上盛会。而平日海上的捕捞和运送的货物，也会在这里交易。山海的际会，让这个小渔村成为龙高半岛上一处重要码头。独具的地理形势，也赋予了它军事上的使命。在万石山的峰顶，至今可以看到烽火台遗址。万安烽火台曾是福清沿海27座烽火台中最大的一座。烽火台报警的浓烟，百里开外都能看到。而六百多年前修筑的万安所城，就选址在这里，紧锁着海坛海峡南口。

明洪武二十年（1387年），朱元璋找来屡建战功的老将江夏侯周德兴，让他经略福建。朱元璋对他说，现在天下虽然已经平定，但福建沿海，还有海寇时时为患，你虽然年岁大了些，我还是希望你能挑起这副重担，为我到福建走一趟。周德兴是一位军事工程专家，善筑城垣。他来到福建后，按照明朝制度，实行卫所兵制，加强海防。他一面按照户籍征兵训练，一面亲到沿海察看，根据福建沿海海岸线曲折、山海相交地势险要的特点，规划选址，并调集福、兴、漳、泉四府匠役，费时10年，建成包括镇东卫城和万安千户所城在内的16座城堡。

万安所城依山傍海，全部以花岗岩方石构筑，十分坚固。筑城石材，就地取于万石山。城内依山势铺设了石板街道，两旁屋舍俨然。因所城的形状像葫芦，旧称"葫芦城"。可别看万安是座蕞尔小城，驻军不足千人，但确是一座海防坚城。清代邑人涂之尧在其返乡时所著《故乡风物记》中这样写道："万安城既以海为地，以山为郭，故刘香、郑芝龙盛时，连樯数万，兵甲曜日，屡攻万安不能一克。"尽管文字不多，但令人想见昔日炮火纷飞的激烈战况。当

万安所城炮台遗址／陈锋 摄

地文史工作者告诉我们，当时，郑芝龙的海上武装集团十分重视万安城的地理位置，重兵围困万安多日，却始终不能得手。其中一个重要原因，是万安城内有充足的水源。我们从一处杂草丛生的坡地走下去，看到一面以花岗石錾成的巨大圆形井盖，井盖上有五个圆眼。这就是五眼井，又叫龙井，可同时从五个井口取水。井水来自万石山长流的泉水，永不干涸。雄奇的万石山，用自己宽阔的胸膛，保卫了家乡的土地和人民。

最让我们称奇的是，城内城外，不大的地方，却庙宇林立，有关帝庙、城隍庙、祝圣寺、观音阁、天后宫、临水宫、侯王宫、海潮庵和文昌祠等。这是因为过去城内虽驻军和百姓不多，但来自多地，所以各种信仰和崇神习俗并

存。而这也影响了附近村庄的百姓。

万安原本是一处繁盛的海上码头。清顺治十八年（1661年），清廷实行海禁，万安城内居民被全部内迁，只留下守军，成为纯军事存在。但硝烟散去后，百姓陆续返乡，万安港又渐渐有了生气。

在所城外东南海边的一处小山上，屹立着一座七层八角的仿楼阁式花岗岩石塔，叫作祝圣宝塔。该塔于明万历二十七年（1599年）修建。石塔历尽沧桑，经海风雨水侵蚀，塔身上的浮雕已经斑驳。抗战时期，还遭受过日本军舰的炮击，被毁去三个小角。但石塔巍然不倒，如同一位岁月老人，静静守望着面前的这一片海。

这座石塔也是万安港曾经岁月的见证。当年，这里的码头和渔市热闹非凡。于是高耸的万安石塔，便成了海上的重要航标。远捕的归舟，过往的商船，只要看到石塔，就知道临近了福清地界。而这里宽阔而平静的港湾，也让船工、海客心间感受到一阵阵温暖。

背枕高山，面朝大海。万安古城，书写了一段海上传奇。

祝圣宝塔/陈锋 摄

定海所城

定海所城位于连江县筱埕镇的定海村，自古以来就是海防重地和军事要塞，自元代起就设置了巡检司和千户所。定海所城的城墙建设始于明洪武二十年（1387 年），为江夏侯周德兴修筑，环山而造，全长 600 丈。嘉靖三十七年（1558 年），倭寇进犯福建沿海，定海所城正门被攻破，城内建筑损毁严重。嘉靖四十年（1561 年），又增筑 220 丈城墙。至此，定海所城城墙周围达 820 丈，高 1.5 丈，设有铺舍 16 间；开设有西、南两座城门；护城河宽 6 尺，深 2 尺，设立了瓮城、门楼、哨台、水涵等。

　　民国初年，定海所城曾三次被日本侵略者占领，所城城楼遭拆毁。中华人民共和国成立初期，定海所城又被台湾马祖守军炮火轰击数次，所城的城垣城墙损毁严重。上世纪六七十年代，当地居民拆除城墙石条用于盖房，城墙基本湮灭。

　　定海所城现今保留下来有长约 500 米的临海城墙，墙高约 8 米，宽约 6 米，以花岗岩垒砌，采用一丁一顺的方法砌筑，内外墙之间以夯土填实。2018 年 5 月又在定海后山发掘了一段古城墙，但基本倒塌，仅余城基，残高约 1 米。原四座城门仅余南门保存完好。南门临海而建，是一道连续建筑有三个拱洞的城门，即"三重门"。除此之外，临海城楼前仍可看到较明显的炮座和炮口。所城内尚存大量石墙古宅，以及海潮寺、城隍庙等建筑。1984 年 5 月连江县人民政府将定海所城列为县级文物保护单位。

　　2005 年地方政府对定海古城城墙进行翻新修建，围墙全部用条石砌成，修复后的城墙全长 2000 多米，宽 6 米多，高 7 米，城门勒嵌"会城重镇"。

重拾定海所城之盔甲

苏 静

　　在中国闽浙沿海，历史上有两座定海古城，一座在舟山定海，一座在连江定海。舟山定海的古城已在城市进程化中毁圮，而连江的定海古城至今犹存。

　　沿着福州漫长的海岸线，往东北迤行不到两小时，即可抵达定海古城。"亭皋分远望，延想间云涯。""搅搅争附托，无人角雌雄。"定海，这个旧称亭角、僻居闽江口北岸的海边渔村，面积仅3.2平方公里，海岸线却长达十几公里。它形如单臂出拳，扼江口，控海道，与长乐梅花并称"闽江南北喉"，历来为兵家必争之地。明代吴文华《定海七井碑记》中这样写道："独定海亘大海，首敌冲，最为省会咽喉。"

　　定海所城的前身是巡检司，始建于元至元二十年（1283年），时称"亭角澳巡检司"，设弓兵100名，巡检1员，辖连江治东二十六、二十七、二十八等3个都，所址原在临海的城南。巡检蒋兴到任后，为巩固海防，在城北筑龙山烽火台，派兵3名戍守瞭望，"夜则举火，昼则举烟"，北连福宁嵛山，南接南日岛，时为闽海五个烽火台之一。元大德八年（1304年）四月，为防倭患和海贼，增设"定海千户所"，派300余名蒙古兵戍守，长官为世袭军职，明代后相沿。

定海村／颜家蔚 摄

定海古城城墙／王成耀 摄

　　明洪武二十年（1387年），朱元璋为防倭寇骚扰，派年迈的江夏侯周德兴巡视东南沿海，筑城建寨。定海古城应运而生，亭角澳巡检司则移至蛤沙。翌年二月，定海所城基本完工。于是，千户所被移设于城堡西郊，改称"定海守御千户所"，增兵1520名，配战船10艘，官军隶属福宁卫指挥使司，为当时闽省5卫12个千户所之一。千户由汤美、汤斌等汤氏族人相继世袭担任，这些所城官兵春夏出哨，秋冬回守，辖闽江五虎门以北至北茭、西洋岛东北一线，内地延伸至东湖、官坂以及马透沿海地区，南及马祖列岛，范围颇广。景泰三年（1452年），为防倭内侵，刑部右侍郎薛希琏增设小埕水寨于定海守御千户所前，拥有寨兵4402名。寨址以定海所城为中心，沿城凿濠注水，绵延数千米，气势宏伟，与福宁之烽火门、兴化之南日、泉州之梧屿、东山之铜山遥相呼应，连成镇守闽海的五大军事要塞，肩负抵御外侵、平定海氛、保卫闽江口海防的历史重任。

定海所城历代屡修。嘉靖十六年（1537 年），倭患再起，在历经了 150 年之后，定海所城因屡遭倭寇骚扰，城堡失去防御能力而重修，增设东、西、南、北四座城门，正面南门改朝西向，临海筑起三道拱形城门，是谓"三重门"。南门顶端嵌入一块石匾，上刻"会城重镇"，标明定海在省会福州中的军事地位。匾额右侧刻有"嘉靖丁酉"（嘉靖十六年）小字。城门内附设瓮城，城墙正面

古城南门／王成耀 摄

建有五扇四问的城楼，城楼前架设四门火炮，新设一名讯官。城堡用条石砌成，现南城门上石匾尚存，依然袅绕着一缕历史的烽烟。

嘉靖三十七年（1558年）二月，倭寇攻破定海所城，城中千户所署、仓储等军事设施尽被烧毁。嘉靖四十年（1561年），因倭警又增筑北面新城，设立左右翼署于新城里参将中军署，俯瞰定海全境，并增派参将驻守，以加强防御倭寇的侵犯。如今，在北城门附近山林中，一段古城墙遗迹依稀可见。

叶向高《新建定海参将公署碑》载："定海，故千户所也。其设参将公署，自宛陵沈君始。署何以设也？盖中丞黄公轸海上之多事、干陬之不严，鲸鲵簸荡，为民患苦，请增置游击将军，……时公署未设，寄居三山。逾岁而倭犯东沙，沈君计擒七十人……惟定海所为会省门户，控浙、粤而处其中，于缓急策应便，乃议即所为署，……遂以万历戊午之孟冬鸠工，阅次年夏，告成事。为堂若干楹，宰视之而稍杀，各翼以耳房。其外为仪门，门外为楼；楼之内为馆，以礼宾。署后有山，可登陟，亭其上，名曰'筹海'。又为庙，以祀城隍。旗纛为中，左右翼署以居牙将。言言奕奕，赫赫称重镇矣……"从碑文中可知，明万历四十五年（1617年），福建新任巡抚王士昌在定海卫所基础上新建水军参将，让沈有容出任此职，并增设定海水标三路，总游兵1000名，配战船24艘，统以游击1员，防卫闽江口。其时定海参将公署尚未动建，沈有容只好寄居于福州。

定海参将公署动工于明万历戊午（1618年）农历十月。沈有容将千户所址移往城西北空地，并在被烧毁的原千户所址上改建参将新公署，历时一年有余，于万历四十七年（1619年）夏竣工。新署落成时，除了叶向高为之写碑记外，还有豫章进士熊明遇为之作《定海新署落成序》，以及龙溪石码人张燮所作的诗《赠沈宁海将军新镇定海参府》："秋云逗日漾戈旗，伐鼓渊渊到海湄。泻水天悬将洗甲，磨崖石出欲裁碑。黄金结客多豪侠，白角临戎自委蛇。闻道辽阳烽火急，借君又恐马蹄移。"新署衙门前还建了一座"迎恩亭"（接官亭），文武百官入城后，要在亭前下马落轿，登阶步入参将署衙门。据说当时所署门前剑戟森严，旗帜飞扬，极其雄伟。

历史上，倭寇侵扰我国沿海长达 200 余年，定海所城一直是闽东沿海抗倭斗争的坚强堡垒。耸立定海城北的第二高峰双髻山，就见证了一次兵刃血拼的惨烈出击：明永乐八年（1410 年）十月十五日，倭寇突然集结数千兵力占领双髻山老虎岩处，攻打定海所城，定海军民奋起反击，保家卫国。时任千户的汤俊，以及百户金旺、任简、朱文、丁铭等将佐出兵东城外，与倭寇血战于后城墙。据说当时砍杀倭寇的头颅，如切瓜般滚落山坡，留下"倭头坡"的地名。但终因寡不敌众，这些将士在肉搏中以身殉国，后同穴葬于双髻山松树仑上，人称"五忠墓"。而在定海所城内沈有容府西侧，至今也遗存有一块万历四十七年（1619 年）所立的抗倭纪事碑，全文 1000 余字，记述了嘉靖以来戚继光、沈有容在闽海聚歼倭寇的史迹。这块嵌入民房的碑刻，也成了记载定海军民爱国主义精神的历史丰碑。

"当年鏖战急，弹洞前村壁。"站在定海城北一段古城墙遗址前，仍能强烈地感受到当年激战的惊心动魄。如今战火虽远离了定海，民众过着和平安宁的日子，但祖国尚未完成统一大业，定海仍为福建海防前线之一。定海所城成为这个海边渔村的标志性建筑，也成为某种吉祥的象征。除夕夜，闽东沿海都有"开门纳福"的习俗。每值除夕子夜时分，定海民众都要跑出"三重门"，沿古城堡绕一圈，以祈求新一年万事如意、岁岁平安。谁家姑娘出嫁、先人出殡，也要从城门进出，以示安宁大吉。不过无论红白喜丧，不得从城墙道上通过，虽不成文却约定成俗。

有了城墙为界，定海形成了城里、城外两域。相传城里曾住着明朝十八爵主，城外住着当地土著，不知此说真假。不过里外两域人的气质似有差异，城里人斯文、柔弱，城外人则显得粗犷、剽悍。全城杂有黄、赵、苏、兰、徐、

欧阳等上百个姓氏，不难找到爵主的同姓，有人说徐姓即是徐达的后裔，莫非"火烧功臣阁"，或有王侯贵族逃生古城不成？定海虽有城里城外之分，但全城人和睦共处，一派和谐，自古就留下"渔夫多勇，渔女多情"的好名声。

沿着近年围海而成的堤坝，从鳞次栉比的高楼底下进入滨海大街，刻有"定海古城"字样的雄伟城墙首先映入我们的眼帘。一道连续筑有三个拱洞的城门，成为闽东沿海罕见、最有历史感的文物遗迹。城门上"会城重镇"四字仍旧清晰，饱蘸着"以定祖国海疆"的沧桑。进入城门，城墙上藤蔓交错，荒草萋萋，恍如穿越了时空。城中石厝纵横分列，依山面海而筑，斑驳的民房粉墙映现出波光云影的画意，闽东渔家小调的音符在乡坊间回荡。古朴的大街小巷，回环布局，楼阁轩窗，错落有致，颇有几分雨巷的美感。伸手触摸那些六百多年前的城墙条石，感觉有种湿气浸透其中，似乎把千百年来海水的盐味悉数收取。

站在新近修葺的城垣上，放眼古城内外，几百年前的老屋，近年新建的高楼，屋檐紧挨着屋檐，传统与现代在此相互碰撞，却又十分完美地糅合在一起，透着一股迷人的海岛气息。时至今日，历史的烽烟早已定格于苍茫的海天，凝目定海所城那每一块斑驳冰冷的岩石，我试图捡拾起一片尘封的盔甲，借以警醒人们勿忘那段激昂澎湃的岁月，铭记那一个个魂断墙头的民族英雄。

定海古城／程水建 摄

厦门所城

厦门所城也称中左守御千户所城，位于今厦门市思明区新华路，是明代永宁卫下属的千户所。始建于明洪武二十年（1387年），江夏侯周德兴修筑。城周围425.9丈，高1.9丈，宽9尺，铺舍22间，雉堞496个；开设有4座城门，各门建有城楼。永乐十五年（1417年），都指挥谷祥增高城墙3尺，增筑四门瓮城。正统八年（1443年），千户韩添修筑瓮城的四门敌楼，城墙内外石砌。

清康熙二十二年（1683年），靖海侯施琅向朝廷建议重修城池。两年后，由驻军大规模修筑厦门城池，城墙拓展至周围600丈。乾隆十七年（1752年），同安知县张元芝修葺城池。嘉庆十一年（1806年），巡抚汪志伊修建炮台8座。道光二十一年（1841年）英军入侵，咸丰三年（1853年）小刀会攻占，对城池都造成严重毁坏。

鸦片战争期间，英军入侵厦门，占据所城，对城池造成严重毁坏。民国八年（1919年），因市政建设需要，厦门古城墙及附属防御设施陆续被拆除。

现仅余北城门遗迹和北部残墙两处。城北残墙，高1.5—4.5米，顶宽3.5—6米；城东北残墙，长1.5米，高1.7米。东北城墙依山而建，山体南侧留存了数处摩崖石刻，为甘国宝与清代福建水师提督杨岐珍题写。1994年初，为纪念厦门所城建城600周年，在厦门政府支持下，修葺城墙64米，复建城垛28个，铺设道路，并立《重修厦门城墙碑记》。厦门所城墙于2005年被公布为福建省文物保护单位。

厦门所城人迹杳

陈志铭

记不清多少次来到这段古城墙了，但我记得第一次来是 1994 年，厦门市文物管理委员会纪念厦门建城 600 周年，修复了这一小段明城墙，立了一通碑，名字是《重修厦门城墙碑记》，建了座碑亭。

我生于厦门，长于厦门，以前之所以对它一无所知，是因为城墙附近兴建的建筑将它逼进了旮旯里。我问过许多厦门人，他们都不知道厦门还保存着一段明初的城墙。后来，我一次次到此盘桓，很重要的一个原因，是因为轮岗到文物管理部门，职责所在。每一次去，目之所及，一片萧条，满地落叶，常常见不到一个人。

《重修厦门城墙碑记》碑亭 / 郭佳 摄

古城墙／郭佳 摄

　　这段残墙仅 70 来米，是北面城墙的一段。西北至东南走向的斜坡，颇为宽敞，可走人，可走马，亦可拖炮到高处。墙低处 2 米，高处 7 米。

　　厦门因位居于九龙江外侧，属下方出海口而称"下门"，"下"与"厦"同音，故得名"厦门"。明代厦门称"中左所"，这与明代卫所制度有关。明初，朱元璋建立卫所军队管理体制。军队组织分卫、所两级，一府设所，几府设卫，卫下设千户所，一卫军队 5600 人，由指挥使指挥，千户所军队 1120 人，千户所下设百户所，士兵 112 人。洪武时期全国军队 180 万人。厦门城建成后，有一种说法，泉州永宁卫的中、左两所驻防于此。若如此，守卫厦门城的军队是 2240 人。还有另一种说法，即靳维柏、郑东《厦门城》一书的看法，认为"中左守御千户所是永宁卫新设立的千户所"，若如此，守卫厦门城的军队只有 1120 人。

　　厦门城抵御外敌侵略，有史可查的有：明正统十四年（1449 年），倭寇骚扰；嘉靖二十四年（1545 年），海寇侵犯；天启二年（1622 年），荷兰军队侵犯；天启三年（1623年），荷兰殖民者再次侵犯；崇祯三年（1630年），荷兰军队又一次侵犯。

有些历史，镌刻在石头上。

在南普陀寺藏经阁西侧，有一幅《陈第沈有容题名石刻》。刻文云："万历辛丑四月朔，三山陈第、宛陵沈有容同登兹山，骋望极天，徘徊竟日。"石刻系万历辛丑即万历二十九年（1601年）抗倭将领沈有容与陈第来厦共商赴台大计，同登五老峰时题作。陈第，福建连江人，明代著名诗人、学者，嘉靖四十一年（1562年）戚继光追击倭寇到连江，他献《平倭策》，使该战获胜，于是被俞大猷收为幕僚。后因功累升至游击将军。沈有容，历官千总、参将和都督佥事等，曾与陈第守卫蓟北，后奉命入闽主持浯屿、铜山等岛海防军务。同年，沈有容击败了一支入侵福建的倭寇。翌年冬，在台湾海峡大败倭寇，击沉6艘敌船，夺回被掳百姓370余人。

炮台遗址/郭佳 摄

在万石植物园醉仙岩大界寺后山长啸洞左侧岩壁上，有一幅征倭摩崖石刻。万历二十五年（1597年）后，明政府在沿海一带实行春冬两季"巡哨"制度，水师巡视汛守。万历三十六年（1608年）春天，神机营右副将军后右军都督施德政、游击将军李扬、福建南路参将徐为斌等在前往澎湖巡哨前登临醉仙岩，吟诗唱和，抒发抗倭豪情壮志。施德政诗云："偏师春尽渡澎湖，圣主初分海外符。鼙鼓数声雷乍发，舳舻百尺浪平铺。争传日下妖氛恶，那管天边逆旅孤。为道凯歌宜早唱，江南五月有莼鲈。"李扬诗云："樗才自分老江湖，袜线深惭佩虎符。舸舰森森鲸浪静，旌旗猎猎阵云铺。风生画角千营壮，月照丹心一剑孤。主德未酬倭未灭，小臣何敢辄思鲈。"徐为斌诗吟："闽南要路险彭湖，元将专担靖海符。万里舻艎莹斗列，蔽空旌旗彩霞铺。鱼龙吞气烟波定，蜃蚁驰魂窟穴孤。天子纶音勤借箸，那思莼菜与江鲈。"三幅石刻皆为行楷书。

在鸿山公园的摩崖上，有《徐一鸣攻剿红夷刻石》："天启二年十月二十六日，钦差镇守福建地方等处，都督徐一鸣督游击将军赵颇、坐营陈天策率三营浙兵把总朱梁、王宗兆、李知纲等到此攻剿红夷。"这场战斗得到老百

"瞻云"摩崖石刻/郭佳 摄

姓支持，厦门人陈则赓"赞划军门，谓夷性反复，宜剿抚并用"，他以犒劳荷军为由，带毒酒上荷舰，在荷兰士兵喝下酒后，指挥军队全歼荷兰侵略军。

在虎溪岩后山白鹿洞岩壁上，有一幅摩崖石刻《朱一冯攻剿红夷刻石》，上刻："天启癸亥年十一月廿日，广陵朱一冯以督师剿夷至。"天启二年（1622年）荷兰侵略者占领澎湖，天启三年（1623年）数次入侵厦门。农历十一月十七日，福建总兵谢隆仪率各路水师于浯屿大败荷兰军队，烧毁一艘荷船，俘获船长高文律等52人，斩首8人。随后，新任福建巡抚南居益以厦门为基地，调集各路水师1万余人追剿荷军，于翌年七月将荷军彻底赶出澎湖。其间，参加这次战役的福宁道参政朱一冯登临虎溪岩，留下了这幅行楷。

无独有偶，在白鹿洞岩壁上还有另一幅摩崖石刻《赵纾攻剿红夷刻石》："天启癸亥冬，晋阳赵纾督征到此。"天启癸亥即1623年。这是参加驱剿荷兰侵略者的漳州府海防同知赵纾的题字，也是行楷直书。

明中期以后，倭寇十分猖獗，闽浙粤沿海一带倭寇所至之地，千里为墟。据清乾隆二十三年（1758年）万寿寺住持普荫所撰《万寿岩记》所述，"倭

"山环水活"摩崖石刻／郭佳 摄

寇之时，俞都督诉大猷、戚参将诉继光曾到此，有诗留题，勒之于石壁上"。"俞戚诗壁"在万寿岩北侧摩崖岩壁上，为七律诗三首，幅宽 2.3 米，高 3 米，楷书直题。第一首云："万丈峰峦耸目前，不须雕巧出天然。空涵石瓦生春色，炉蓺旃檀起瑞烟。自信明时无隐逸，还疑僻处有神仙。公余正好谈玄妙，又统三军过海边。"第二首云："幽岩屹立梵宫前，片石呈奇瓦俨然。峭壁罅虚寒漏月，博山香热暖生烟。高僧煮茗能留客，樵子观棋每遇仙。说罢禅机登绝顶，恍疑身在五云边。"第三首云："禅宫俯瞰乱峰前，片瓦重重势俨然。松落石檐寒带雨，云飞山户晓生烟。人夸竺国三千界，我爱蓬莱第一仙。幸喜封疆无事日，楼船同渡海南边。"第二、三首步第一首之韵。胸中百万雄兵，淡定从容，谈笑风生，一代名将风采跃然而出。

在厦门所城遗址上，曾先后出土古炮 23 门，全是清代不同时期的炮，考古发掘出土的铁制鸟铳纡鉴定是明代中晚期的武器。也就是说，厦门城建成后在明代是军事重镇，在清代也继续发挥其重要的军事作用。这段明城墙一边傍着崖壁，岩壁上多处有石刻，大多为清代遗留，明代的有隆庆、万历年间任泉州府同知丁一中的一首五律："春日惬清游，邀观沧海流。冠裳文事备，岛屿瘴烟收。逸气凌飞鹤，闲情逐远鸥。蓬瀛如在望，同与驾方舟。"崖壁上还有清乾隆辛巳年（1761 年）福建水师提督甘国宝所题楷书"瞻云"。光绪乙未年（1895 年）杨岐珍题"山环水活"四字，崖壁上仍清晰可见。城墙最高处是望高石，据《厦门志》记载："城北有望高石，可收山海之胜。"

一次次徜徉，残墙依旧，石刻依旧，落叶依旧，寂寥依旧，江山不老人已老，什么时候，这里能辟为公园，让更多人来瞻仰厦门城的激荡历史？

大京所城

大京所城位于宁德市霞浦县长春镇大京村，大京也称大金、南金，位于霞浦沿海地带，三面依山，东面临海，素有"固福宁之藩屏，执福建之喉舌"之称，自古以来就是福建海岸线北部的军事海防要塞，历史上多次在此设置海防巡检司。明洪武二十年（1387年），因海防抗倭需要，江夏侯周德兴建置大金守御千户所，属福宁卫，为福建沿海十二千户所之首。

初建之时，城周围582丈，城墙高1.95—2.7丈不等，墙身宽约1.08丈，墙基宽约1.68丈，为花岗岩垒砌，据史料记载，花岗岩砌缝均用铁水浇铸，坚固无比；开设东、西、南3座城门，东门为瓮城，也称为"双重城"；环城修有护城河。永乐十五年（1417年），御史韩瑜和都指挥谷祥增高城墙约3尺，增修3门的月城，城墙防御工事完备，城池固若金汤。

大京所城虽历经600多年风雨和战火，但城垣的防御体系大体保持完整，保留下来的明清古城墙约有1300米长，城内的民居、庙宇等建筑均保存较好。城内街巷布局规整，以多个"丁"字形的街巷作为基本骨架，形成了纵横交错的网络格局。主街为明清老街，东西走向，街道宽3—6米，条石铺地，并于丁字街交叉口处兴建路亭，共有迎恩亭、天地亭、巷里亭、仓口亭4座路亭，并在路亭附近开挖八角形水井。城内外遍植榕树，所城绿意蔽荫，崇墉屹立。1991年大京城堡被公布为福建省文物保护单位。

回忆大京古城

郑惠芳

　　时间是记忆，记忆是条永不干涸的小河。离开老家大京已有二十多年，家乡的一草一木时刻伴随着我的左右，它是梦的摇篮，载着我的童年、少年的记忆。甜甜的，暖暖的，一阵风就把你唤醒，就像家在你忙碌的心海里。

　　大京，原名大金，后来民间流传着"当年洪武帝要在这里建临时帝都"的说法，大金之名也就一改而为大京了。大京依山傍水，面对浩瀚东海，水天一色，近可观看浮鹰悬崖峭壁和南北双礁，远可眺望东引、西洋群岛。北面是狮球山，循北门外的蜿蜒石阶路，登上三百多米高的山顶就可以看到兀立于山头的狮球，左右山峰像巨狮欲抢夺狮球，远远望去，那狮球似乎用手轻轻一推，便可推动，但两峰之上另一形如巨狮的山峰牢牢地拴住，形成了三狮抢球的胜景。南面是龙岩山，山上石岩累累，双峰直插云天，形似龙角，因此得名。龙

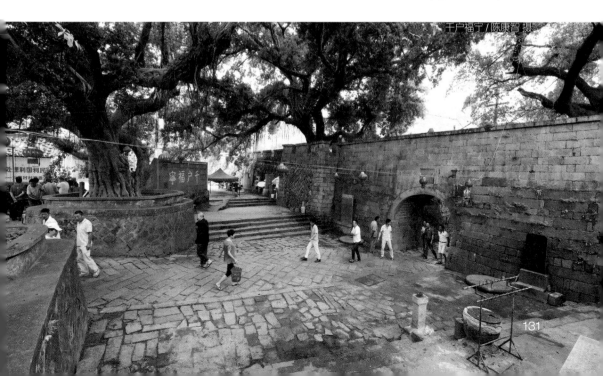

131

岩山有个仙洞，其洞在山腰，上下四旁石平削如壁，门向北深约两丈，站在洞口可以观看到大京村的全貌。传说古时，此洞有仙人在此炼丹，至今丹灶、石鼓犹在。西面是双凤衔书，两只雌雄凤凰凤髻凌空、展翅起舞高飞，环佩罗列东峰山、保老山，两块平原如卷书，腾飞形势，栩栩如生。

随着蜿蜒的公路到了村里，进入眼帘的是明代时期的古城堡。早在唐代以前这里就有人居住，据传元末朱元璋起义军在东南海活动时，有一次遇风，停船于大京东面的笔架山下，这里名曰压池荡，是天然的避风港，隔了一夜，转危为安。于是，朱元璋对大京险要地形印象甚深，以为此处进可攻，退可守，不失为良好的海疆军事基地。朱元璋登基后，为了抵御倭寇，于洪武二十年（1387年）命江夏侯周德兴经略福建军务，他秉承朱元璋"高筑墙"战略思想，在闽设置海防巡检司，建立五卫十二所。大京所列福建十二所首位，规模远比其他千户所大。"崇墉屹立，不亚小县之城。"东门为瓮城，双重建构，砌石缝隙皆以铁水浇固，第一道城门朝向大海，第二道城门则向城内，易守难攻。北面依山作退兵之用。针对北面的山峦，民间还流传着一句谚语"双剑抬龙头，西大鲤鱼头碰头，双只乌龟扑港口"，形容此山有双龟之势，与海口相接，十分险要。城外开凿护城河，上个世纪没有自来水，全村的妇女都在这条河里洗衣等，也成了孩子们的水上乐园。城上遍设窝铺、敌台、炮位，装备齐全，与外海峰大门、南日山、浯屿水寨互为表里，结为犄角，形成坚固的防御体系，从而阻碍了海上盗寇的觊觎骚扰，起到了"执福建之喉舌，固福宁之屏藩"的积极作用。

古城每隔几十米就有株古榕树，更增添了历史的色彩。西门前两株古榕，犹如守门的将士，历经了六百多年的风风雨雨，依然静默地扎根城门口，见证古往今来，风云变化。每到盛夏，全村男女老幼都聚集在此纳凉，成了天然的避暑之处。这虬枝已深深地与古老的城石融为一体。城门上"千户福宁"铭刻着它当年名列福建十二千户所之首、雄踞闽东的豪气。

进了城门，马上就有股古朴的香气绕过心底，仿佛进入了明代的建筑群。进入眼帘的是宽敞的石板街，石板街从西到东长达 1200 米、宽 7 米，中间是长 1 米多、宽 50 厘米左右的青石铺成，旁边是用鹅卵石铺成，历经几百年的历史脚印，光洁如玉。两旁的古民居，一排排雕梁画栋，木栏、砖墙、石门十分显目。大街中段的两座跨街亭保留完整，不失古亭之风貌。过了跨街亭来到城东"南金境"，这里保留着明代的石井，一口四方的，一口是圆形的。井栏是整块石雕凿成，人们称"皇帝井"，常年蓄水不枯，即使是大旱之年，仍然水清如镜，可供人饮用。

顺着东门的双重门而过，便可到达沙滩，也是大京之最所在。大京沙滩长三千余米，开阔平缓，明快如洗，光灿似珠，在福宁海湾中独树一帜，古诗赞云："此地茧沙细如尘，轻车驶过了无痕。"漫步沙滩如履地毯，如卷珠帘。沐浴海风，听拍岸涛声，看万顷碧波，令人心旷神怡。每当海水退潮时，沙滩上精美的贝壳在阳光下闪闪烁烁，礁石上各种各样的海螺随处可得，小螃蟹、小虾、小鱼随地可见，只要你肯卷起裤管，提起脚丫，收获的喜悦一定会在你的脸庞绽放。

上世纪 60 年代，为抗御海上大浪，保护耕地，大京沙滩上种了一行又一行的木麻黄树，建成了严密的防护林带，崛起了一座"绿色长城"，也营造出另一种自然景观。近几年，随着经济发展，本省和外省的游客慕名而来，每到

大京城堡 / 郑德雄 摄

133

节假日，大京沙滩成了欢乐的海洋。鸥鸟翔跃，船帆点点，碧浪翻腾，天然的浴场和冲浪场就在身边，谁不想跃跃欲试呢？累了，困了，人们躲进防护林里栖息、聊天。夜晚，明月升起，远道而来的游客你一群我一簇在篝火旁跳舞。深夜就地搭起帐篷看繁星点点，枕着波涛入睡。清晨，随着一声声清脆的鸟鸣，人们从睡梦中醒来，早早地呼朋唤友起来看日出。海上日出对于城市的人来说是一种新的认识。太阳像负着重担似的缓缓从海平线升起，最初是重现太阳的一小半，红是红得很，却没有光亮，此时，你的眼睛与呼吸要平衡交错的，到了最后，终于冲破云霞，完全跳出水面，那颜色真红得可爱，一刹那发出夺目的光亮，直至谁的一声欢跃，你才从波光粼粼的水中醒来。

也许是大自然的恩惠，赐给了大京山与水，更赐给了大京神奇与向往。沙垅为案，海为砚，与古城遥遥相望海湾的正对面，有一座长约 2 公里的岛屿，因"三峰矗立，形如笔架浮空"而得名笔架山（又名大屿山），被祖先们称为大京的文风所在。大山岩构造的岛屿面积约有 1.92 平方公里，经大自然鬼斧神工般的雕琢，岛屿四周形成各类不同的怪石、礁石及崖洞，山顶巨石裸露，石崖嶙峋，山麓植被茂盛。据载，明嘉靖四年（1525 年）四月、万历三十年（1602 年）二月，笔架山都曾出现海市蜃楼的奇景，峰峦、林樾、宫室、楼台历历可数，持续约五六个小时。

大京有光荣的过去，也有正在奋起的今天。大京人以淳朴热情接待五湖四海的游客。2014 年，大京成为霞浦县"国际滩涂摄影胜地"重要摄影点之一。2016 年，大京旅游景区被纳入"旅游产业建设年"重点建设项目，目标定位是打造以海滩岛、古城堡、农家风格为主题的 5A 级福建闽东海滨休闲娱乐旅游景区。海的资源给予人类无限的利用空间，大京人利用海的咸水和农田的淡水混合养起了鲳目鱼、鲍鱼、对虾，在广阔的海上养起了海带、紫菜、海蛎。每到丰收的季节，芬芳的藻类沁在大京人的心里，香在大京人的心里。

莆禧所城

莆禧古时称浮曦，位于莆田市秀屿区忠门半岛南端，因其地处湄洲湾北岸的突出部，三面临海，地势孤露，适合建设防御性工事，受命经略东南海防的江夏侯周德兴选该地设千户所，纳入平海卫海防体系。所城自明洪武二十年（1387年）开始建造，造墙之石材取自于兴化湾泮的镇海堤。

莆禧城墙原周长590丈，高2.1丈，宽1.2丈，有雉堞1049个，铺舍24间，置东、西、南、北4个城门，城门上筑箭楼，城门外修瓮城，城墙的东、南、北三个制高点上建有炮台和瞭望台，城墙外有长210丈、宽2丈、深8尺的护城壕护卫。莆禧所城墙建成后，一直处于抗倭斗争的最前沿，于明嘉靖四十一年（1562年）抵挡住了倭寇五十余日的围攻，1939年遭日寇飞机多次轰炸。

遭日机轰炸后，国民党政府为方便所城内民众疏散，拆除西、南两个城门及其周围的部分城墙。现只留下东、北面1335米的城墙和东、北两座城门及瓮城。城垛全部缺失，所有城门的箭楼也已损毁，东、北城角炮台残缺。城内尚遗存包括明世袭总兵府、千户侯府第、观澜亭、兴盛药局、郑氏大宅、柯氏佛堂及吴族祖屋等明清建筑物70多处。它们是见证莆禧所城内军民反抗外来侵略的重要实物载体，是我国东南沿海少数保存较好的古代海防所城之一。1996年莆禧城墙被公布为福建省文物保护单位。

莆禧古城墙

陈文忠

　　莆禧古城墙，位于福建省东南沿海，莆田市沿海南部，秀屿区湄洲湾北岸。城墙始建于明洪武二十年（1387 年），主要为防倭患、抵御倭寇侵犯的海防工事工程。城墙中设千户所署，中为公所，东、西为百户所，所前有仪门和谯楼；城东有城隍庙、观澜亭、旗旌庙、鲤山寺；城北有天妃宫、太极殿及城墙外的八卦井等；城内还有书院、谷仓、旗楼、署所府第和税课所等；城墙北门外设有练武场，练武场内设有演武台及将台各一座。

莆禧一带城防图

据史料记载，明代福建东南沿海倭患严重。明朝廷为解决这 忧患，征询于臣下，明大臣方鸣谦奏云："倭海上来，则海上御之耳。请量地远近，署卫所，陆聚步兵，水具战舰，则倭不得入，入亦不得傅岸。"明朝廷采纳这一奏议，下令东南沿海要害之地修筑城堡以御寇。莆禧处在福建东南沿海中部，隔海与湄洲岛对峙，地势孤露，确乎战略要地。于是，朝廷于公元 1387 年派江夏侯周德兴负责此事。周德兴又命指挥佥事吕谦，与平海卫城一起修筑，并下令拆兴化湾泮的镇海堤石料，筑平海卫城墙及莆禧所城墙。

莆禧城墙除置东、南、西、北四个城门外，还有"六涵、三角、千余垛"。所谓"六涵、三角、千余垛"，指的是城墙下置六个水涵洞，城墙上的东、南、北三处制高点各建一个瞭望台，墙上设有上千个城垛。上述六涵，其中最

北门 / 占冀源 摄

大的有北门和东门两个水涵洞，这两个水涵洞因地势居低，承负着全城 85% 以上的排水量，被称为"莆禧城的消灾洞"。其中北门的水涵洞，位于北门天妃宫前右侧 20 米处的城墙下，洞宽 1.75 米，高 0.8 米，长 13 米，均用花岗石砌筑，坚实牢固，抗洪能力强，洞口还竖有几块长短不一、奇形怪状的石柱。据传，这些石柱是明嘉靖年间立的，以示妈祖显灵，指派"山神、土地神"在此抗倭守洞保城池。抗战时期，日机多次轰炸莆禧城，此洞成为城中民众的防空洞。东门水涵洞有别于北门水涵洞。它位于城东鲤鱼山下，有山水倾泻。外洞口直通海边，内洞口与城内

北门瓮城／占冀源 摄

一条横跨南北的大水沟相连接。整个东门片的水全部流进此沟，再通过此涵洞排入海。其余四个涵洞随着城墙早期毁坏而无存。所谓"三角"，指古城墙的造型，有东、南、北三个制高点，建有炮台和瞭望台。瞭望台与所城外相邻的

莆禧古城 / 占冀源 摄

村庄制高点设十一个烽火台（烟墩台）进行信号联络，这十一个墩台为吉了、塔林、庵前、门夹、山东、山柄、尖头、眉头、后埔、度边、西山。它不仅与所城相互策应，而且与平海卫城、嵌头寨城起联防作用。各墩台一旦发现敌情，便夜举火、昼举烟，以联防的方式御敌。这三个墩台于 1939 年被日机炸毁，剩下部分底墩被国民党驻军拆除。至于"千余垛"，指的是莆禧城墙上设有 1049 个城垛，每个城垛都是明代城内驻军抗倭御寇、保家卫国的神圣岗位。这些垛口同墩台在同一个时期被国民党驻军拆毁。上世纪 80 年代后，由当地群众捐资、福建省文物部门拨款，修复了东、北两个瞭望台和北面城墙外面的垛台，使北面的古城墙重现旧观。

莆禧历史悠久，古时称浮曦。宋代进士洪迈在《夷坚志》之《浮曦妃祠》中记载："绍熙三年，福州人郑立之，自番禺泛舟还乡，舟次莆田境浮曦湾，未及出港，或人来告：'有贼船六只在近洋，盍谋脱计？'于是舟师诣崇福夫人庙求护，得三吉珓……"洪迈这里所说的浮曦，即是莆禧的古称，可见早在宋代，莆禧就成为渔港商埠。因其地势处于湄洲湾北岸的突出部，三面临海，具有重要的战略意义，明代朝廷为防倭患，选该地建城墙，设千户所。所城自明洪武二十年（1387 年）始建，驻有漳南将士千二军，侯封铁券功臣十四人。刘毅为本所首任千户长。为合莆阳的雅称，原地名浮曦改为莆禧。莆禧城墙修筑后，所城内的军民就一直站在抗倭斗争的最前哨，为保卫莆田立下汗马功劳。其遗存的城墙，也为当今研究古代抗倭史、海防建筑史提供较重要的实物资料。

据记载，明嘉靖四十一年（1562 年）倭犯莆田，府城和平海卫城相继失陷，唯独莆禧所城"神灯四布，夜夜绕城"，寇围五十余日而不陷。这些都离不开所城内军民的英勇抗击，以及城墙的选址、城墙的牢固结构、适中的高度等等综合因素。在所城被困万分危急之时，明朝廷二度派戚继光援闽抗倭。戚继光奉诏后，在浙江义乌历时十六天，募兵一万余人，经训练后即速挥师南下，

入闽后可谓是旗开得胜，相继平定了宁德小岭、连江马鼻、福清许厝等的倭点后，连夜向莆田进军。围困莆禧所城达五十余天的残倭闻风丧胆，自溃鼠窜。莆禧城赖以保存。

清顺治末年(1661年)，政府为遏制郑成功反清复明活动，实行"截界迁民"。莆禧城内民众被迫迁居涵江风岭一带，这座抗倭古城，成了一座空城。到了康熙二十二年（1683年），沿海全部"复界"，准许迁民回原籍。这一来，莆禧所城又充满生机，呈现出一派繁荣的景象。时隔二百五十七年后，即1939年，这座古城却遭到日寇飞机的轰炸，炸死平民四人、炸伤十三人，毁坏民房三座。消极抗战的国民党政府第三战区以疏散所城内民众为由，下令拆除莆禧西、南两个城门及其周围的部分城墙。留下今天仅有的东、北面城门、城墙及西、南城门地段的城墙遗址。

莆禧城墙，这座距今已有六百多年的古城墙，是莆田人民反抗外来侵略的重要实物载体，是莆田人民保家卫国的珍贵文物古迹，它记录着莆禧所城内军民抗倭斗争的光辉历史，是我国东南沿海至今仅存的少数古代海防工事之一，其建筑具有较高的历史、艺术、科学价值。

崇武所城

崇武所城位于泉州市惠安县崇武镇崇武半岛东端海滨，与莲城卫城、东山卫城互为犄角，处于海防要冲，与台湾海峡隔海相望。北宋太平兴国六年（981年），此处就设置了小兜巡检寨，元代时又设立了小兜巡检司，历来就是海防军事要塞。明洪武二十年（1387年），为防御倭寇侵扰，江夏侯周德兴奉命在惠安县境内修筑了黄崎城、崇武城、小岞城、峰尾城、獭窟城5座城池，崇武城为隶属于福建司永宁卫的一个千户所，是在原小兜巡检司城基础上扩建而成。

崇武城初建之时，周围737丈，高2.1丈，宽1.3丈；雉堞1304个，铺舍26间，开设4座城门。永乐十五年（1417年），都指挥谷祥主持修城，增筑城墙4尺，并建造东西瓮城。嘉靖年间再次增筑门楼4座，在城墙内侧增筑跑马道2至3层，宽约4米，并增加窝铺数量。同时，城内建有军房987座，还有公署、兵马司、演武场、粮仓、铁局等。

清顺治八年（1651年），郑成功率部攻陷崇武所城，城墙损毁严重。顺治十八年（1661年），清廷下令迁界，崇武撤销所城建制，城墙失修，逐渐损毁。康熙二十二年（1683年），清廷撤销禁海令，允许崇武居民重返家园，但城池仍无大规模重修。

1912年后，崇武城墙因年久失修，部分城墙坍塌。1949年后，在地方政府的支持下，崇武所城经历了1973年和1997年两次修葺。重修后的崇武古城平面呈梯形，总面积约15万平方米。城墙南北长500米，东西宽300米。全部由花岗岩条石砌成，周长2567米，城基厚4.54米，城高6.3米，其上设有铺舍、雉堞、双层跑马道等防御工事。设4座城门，东、西、北城门皆加筑半弧形瓮城，南门为单城门，城外加一照壁，各城门均建有门楼。城内莲花石上设有中军台，城外山上共建有4座烟墩相互呼应，并建望楼，城东门外设有演武场。1987年崇武城墙被公布为全国重点文物保护单位，2012年崇武镇被公布为省级历史文化名镇。

崇武半岛

谢冕

　　大陆消失，眼前是一座完整的石垒的城。我们登上城墙，看崇武城如蜂房。一色的石垒房屋，在灰暗的雨云下泛着白色的凄清。拥挤并不喧杂；生命在繁衍，又似均在沉思。这是大陆最突出的一个部分，石城恰好嵌在它的尖端。尖端高处为文昌阁，已毁，在那里建了一座灯塔，灯塔再往前便是海。

　　海无边无际，日夜撞击这座孤城。城在颤动，六百年来就这么颤动。崇武镇上的居民一样地日夜不宁——心在颤动。这里的海潮沉重，风也沉重。也许是郁结云气，也竟是来自心头。他们随时都准备迎接苦难。

　　这大陆的顶尖，没有遮拦。风和浪一径地向它扫荡过来，树站不起来，于是镇上便少树。唯有"蜂房"裸露，一色的惨白。人也裸露。这里缺少安全感，忧患因之而生。大自然把温柔和舒适给了另一些幸运的居民，而把不安和惊恐留在这里。

崇武古城/东渔 摄

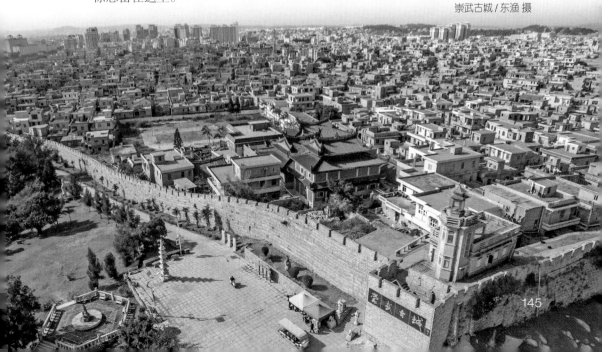

145

我们来到这里，正赶上渔船进港。风帆落卜，潮水退去。一片黑色的泥滩，蒸发着潮腥味。打渔的汉子正在分鱼。多数是小鱼分成堆；几尾小鱼剁成段，加入那堆里去——原始分配方式！

因为是木船，返程时间长，鱼已不新鲜。他们带着简单的铺盖上船，一出海就是数日，收获的就是这几堆鱼。男人和女人相会，不多言语，也少笑声。一切似都淡淡，大概千百年来就如此。

多情的大海养育着世代的他们，但也无情，它吞噬这些强悍的生命。而生命在这种吞噬下，往往也变得脆弱。崇武镇上庙宇之多让人吃惊。这里与忧患同在的居民，几乎什么神都敬。

土地贫瘠，生计维艰。大陆不再往前伸延，路似到了尽头。海则是无限的大，海涛狂暴肆虐，而人们又不能不到那充满危惧的水面谋生。他们不能自已，他们祈求庇护，于是冥冥之中他们把安全和希望托与不可知。

人类不能把握自身的那种原始氛围，正重新构成一种秩序，它无形地对这里的生存进行规约。所有的灵魂崇拜，都虔诚而发自心愿。民众的托庇神灵不只是为了现世的考虑，其中仍有他们素朴的良善。

在难以数计的大小庙宇中，我们看到一座叫"十二爷宫"的小庙。庙始建于明洪武年间，内祀当时抗倭的十二殉难将士。这庙的历史与崇武石城的历史同，已有六百余年。庙之小如闽南乡间田野上常见的土地庙，建筑亦粗糙不精。但民众缅怀英烈之诚心可感天地。

那日行色匆匆，不及拜谒另一处小庙——"二十四大人庙"。这是乡民纪念解放初期为掩护渔民而遭国民党飞机袭击的解放军烈士而建，历时三十余年至今香火不衰。现年六十六岁的崇武镇人赵江水曾为"二十四大人庙"赋成一绝，文字清新雅好："官兵同穴壮成仁，同志于今称大人。奠酒焚香非迷信，元元不忘敬功臣。"

城墙/姚洪峰 摄

朴素的崇武人，他们的信仰驳杂，但心香一缕，却始终向着人类的良知。

潮水依旧敲击着这古老的城墙。城建于岩石之上，虽贫瘠，却坚固。海滨岩石上赫然镌着："护城磐石，官民全禁，不许采凿。"理智加上良知，在灰暗雨云深处，似乎透出一线亮光。

1984年、1987年岁尾年初，我两次访问崇武，那个地方仿佛有一股磁力吸引着我。

崇武有古城，有抗侵略史迹，有美丽海滩及海滨危石上的镌刻，何况还有美丽动人的惠安女子！但我到崇武，观光猎奇的心情总是淡淡的，心头却始终迷漫着渴望冲出神秘氛围的沉重。

惠安女子诚然是迷人的——精美的竹笠，鲜艳的头巾，包得严严实实的头部，宽大的裤子以及露出腰身的短衫，她们挑担迎风的情调，以及浅笑露出的金牙——但凡读过陆昭环的《双镯》、谢春池的《唉，惠东女人》、蒋维新的《啊，惠东女》、林凌鹤的《月亮月光光》以及舒婷的《惠安女子》的人，都会理解她们奇特的服饰背后所蕴含的社会的和文化的悲凉。人们会因这种启迪淡漠悦愉的轻松。

惠安—崇武一带的民俗、文化现象是奇特的。仿佛是从惠安县东境沿崇武半岛北端画了一道无形的线，这道线造出了一个特殊的文化圈。这文化圈同时也意味着一个幽闭的文化环境。

崇武半岛/东渔 摄

从惠安到崇武并没有当今某些特区那些特意筑起的铁网，但隔绝的严重即不在任何具形的方式。尽管每日有无数计的现代化车辆贯穿崇武半岛，尽管那里多数家庭如同内地一样架起了电视天线，尽管崇武镇一样地风行牛仔裤、国际流行色以及咖啡座音乐，但特殊的文化氛围依然可以把崇武镇围困而成为"孤岛"。离开崇武镇不用几步，那里依然是世代繁衍的惠东文化。这种文化可以把最现代的文化隔绝、孤立并让它窒息。

记得前年访问海南岛，同行的有哲学家 L。那时北京已是初冬而海南却是盛夏，广大的幅员造成了自然景观的巨差，而文化氛围却几乎看不出任何差异。L 在一个即席谈话中感慨于中国文化惊人的"大一统"。

L 没有谈到我此刻在崇武看到的"文化割据"。这仅仅是"大一统"中无数"小一统"的一个细胞——尽管可能是特殊的细胞。但这种"切割"是可怕的，它可以成为"岿然不动"的自我幽闭。无数自我幽闭，足可令我们这个古老的民族"缺氧"。

这就是崇武的磁力。也就是我在崇武缺少"观光心态"的因由。

福全所城

福全所城位于晋江市金井镇福全村，地外海角咽喉处，北面有永宁澳、獭窟澳、泉州港，西北面有安平港，西面遥望金门岛，东南方与澎湖隔海相望。明洪武二十年（1387年），为了防备倭寇袭扰，江夏侯周德兴巡视福建沿海地区，并开始广建海防城池，增设沿海5卫、12守御千户所。其中就包括永宁卫辖属下的福全守御千户所。初建之时，城周围650丈，高2丈1尺，宽1丈3尺，铺舍16间，开设4座城门，各门建有门楼。永乐十五年（1417年），都指挥谷祥增高城墙4尺，修筑东、西、北三门的月城。正统八年（1443年），都指挥刘亮、千户蒋勇增筑四门的敌楼。

　　明嘉靖四十一年（1562年），福全所城被倭寇围攻四月之久，虽最终击败倭寇，但城墙亦遭到破坏。明清朝代更迭之际，福全所城屡受战火侵袭，城池损毁严重。清顺治十八年（1661年），清廷下令"禁海迁界"，令沿海三十至五十里内的居民内迁，城内外建筑悉遭破坏，自此福全所城逐渐衰败。

　　1937年抗战期间，国民党政府为防止福全所城被日寇占领为据点，征集民工拆毁福全所城大部分的城墙，数百年坚城被毁一旦。1958年金门"八二三炮战"，福全所城城墙的墙砖被彻底拆除，用于构筑海岸炮兵的堡垒基石和围墙。

　　今福全所城城墙仅余部分城墙及城壕遗址，现已重修了西门至北门之间的一段城墙，长约300米，高约10米，是2011年由侨胞捐资修复。同时还重修了西门门楼，重建北门瓮城。除此之外，所城内部现存"永宁经卫刘公功德碑""怀恩碑"等碑刻，元龙山的"山海大观""桃源洞"等石刻，林氏祠堂等多处明清传统民居，以及众多寺庙及遗迹。2006年福全村被公布为中国历史文化名村，2009年福全所城被公布为福建省文物保护单位。

古城 · 古村 · 古人家

洪少霖

　　2012年我无意中经过了它——福全古城，即福全古村。那时，我忍不住停下了步伐，与它不期而遇，仿佛千年前的约定，这一生注定在某一时期邂逅。面对着山海交融的特殊地理环境，它的周身流淌着一份别致的美感与引人深入探索的神秘。一开始，我忍不住惊喜，因为新鲜感的产生。而后，它的沉重，它的底蕴，让我自然而然去欣赏，去感受，去抚摸，去拍照、留恋。或者人生已有太多各种不同印迹，心早已没有了剩余空间，然而却又忍不住想要接纳它的厚重，以及它那六百多年来沉淀的历史沧桑。

福全所城 / 东渔 摄

福全所城北门 / 刘剑聪 摄

　　用闽南语发音，福全即"福船"。福船是我国古代海船中著名的一种船型，为我国"四大古船"之一。据传，古时众多福船曾停泊于福全溜澳港口，船员们上岸望见福全地势险要，可作船坞避风所在，并且风光秀丽，令人心生眷恋。从那时起，福全的人气渐渐鼎盛，而后逐渐成为了我国东南沿海的一大商贸港口及交通、军事要地。

　　走在福全古街，有着浓浓似曾相识的感觉，这一个泉州地区唯一的中国历史文化名村，这一个闪光的符号，足以让我将它铭记。然而，我在意的是它的传说与故事，以及遗留至今的众多沧桑古朴。有些名号会被记忆的风吹淡吹远，但有些知觉，却在历史的延续中，越来越令人印象深刻。

　　追溯时光，公元 1387 年，朱元璋敕令江夏侯周德兴到福建征集 10 万民工，筑造 16 座卫所城，以防御倭寇入侵。福全千户所，编制千名兵，城内设官署，造营房，建粮仓。从那时起，开始辟教场、练兵马、挖壕沟、防敌侵，开拓了

北门屋檐 / 刘剑聪 摄

泉南沿海交通、贸易、海防重要港口。公元 1443 年，城内划分为十三境，贸易渐渐繁荣，同时也为我国东南沿海的历史画下了浓彩的一笔。

"百家姓、万人烟"，那些年是怎样的繁华，又是怎样在铁与血的较量中铸造出了中华儿女血性的凝聚与意志的坚韧？我不曾知晓，只是隐约从那些遗迹与老人的讲述中，仿佛看见鲜血在喷洒，呐喊在起伏，正义的力量终将贪婪与邪恶驱散。光阴流河，多少人经历了悲哀，又有多少人从中更懂得了珍惜？

而今的福全城，即所内村，尚有 23 个姓氏，403 户，1500 多人。这么多姓氏分布在稀少的 1500 多人之间，在闽南并不多见。许多自然村落人数五六千人，却大都只有少数两三姓氏。然而，从福全村的姓氏可以看出历史的铁血硝烟是人类情感最佳的融合剂。

福全的地理位置，决定了它在特殊的年代，总会处于风口浪尖。而在和平时期，却只是一座宁静停留于海边的淡然的古村。说它宁静，因为繁华不在。

说它淡然，因为早已尘埃落定。有过繁荣与风风雨雨，所以才更显安宁。没有对比，就难以感受到它内在那一颗静逸的心。

自唐朝光启年间，福全便有军队戍守开发，直至宋代已成我国东南沿海的重要商贸港口，同时也是东南海防最为坚固的阵地。明嘉靖年间，有倭寇与乱民侵扰我国沿海百姓，掳人取赎，攻城略地。《晋江县志·武功志》载，嘉靖三十四年至四十三年（1555—1564 年），倭寇年年大举侵犯泉州，泉州城、永宁城、安海城屡遭攻击，永宁城曾两度失陷，其间福全城经历了血与火的考验。幸而军民上下同心，福全千户带领军众共御倭寇，守住了福全卫所。然而自清廷"禁海迁界"，沿海居民皆被强制内迁三十至五十里，寸板不许下海，福全遭遇了空前浩劫，城内外寺院悉数被毁，连大学士蒋德璟的故居都被烧毁。1937 年抗战期间，国民党政府害怕所城被日寇占领为据点，征召民工拆除了城墙，致数百年的坚城消逝在历史的云烟之中。

六百多年后的今天，福全古城已出现了无数崭新面貌，百姓不再流离失所，道路焕然一新，古城受到各界关注与保护。而今，修复一新的西门城楼、城墙，显现着另一番不同气派。它是数百年来英雄前辈信念的延伸，也是福全儿女对历史、对祖辈的一份崇敬与缅怀。在清朝禁海期间，福全人背井离乡，迁移各地，而后他们的后裔大量迁往台湾、香港、澳门地区及东南亚的一些国家。如今的福全，已是许多港澳台同胞以及海外侨胞的祖籍地，正是因为那些游子怀念故土，才有了他们的慷慨捐资，福全的重建也才能够顺利进行。

走在福全古城，我看到路旁年代久远的典型出砖入石建筑，它们在讲述着闽南特色的建筑风情以及勤劳与根深蒂固的乡土观念。我看到旧私塾精心烧制铭刻的雅致招牌"梦兰小筑"，如今周边虽已残破，曾经里面却是书声琅琅、几度辉煌，福全人对文化教育的重视，在此可见一斑。我看到古厝门沿及两旁有精美砖雕，里面人物荟萃，蕴含的故事生动。我看到数口古井，在数百年的时光里，容颜变得老旧。那打铁井，曾是抗倭时淬砺兵器的地方，在血与火的背景下，它更是显现了一份沉厚与朴质。

走在城墙之上，看着城外十多座正在旋转的风力发电机叶片，仿佛时光也如叶片那般不断旋转，不断离去。漫步在无尾塔边，在沉重的古时马槽边，在元龙山摩崖石刻前，在"永宁经卫刘公功德碑"等碑刻前，走过古石花盆、花岗岩石旗杆夹、古坊、古庙、古街道以及种种古时人们所造的海防工事遗迹，我聆听到历史赋予它们的脉搏，我感受到时光婉约的韵味。无数的民间传说故事与它们相互辉映，这是一段独属我国东南沿海的民生、经济、战争史，这也是一趟闽南地域的时光之旅。

在福全，看布袋戏、听大鼓吹、观提线木偶、唱南音、赏高甲戏……这些剧种是由闽南地区人们与中原衣冠士族及戍守福全的军士从天南海北移民流

"永宁经卫刘公功德碑" / 刘剑聪 摄

传而来，它们通过历史的糅合，最终定型为闽南地方民俗。同时它们又与民间信仰密切相关，是寻求精神力量的内外表现形式。在福全城内，遍布着十三境，各境各立"境主"，其中有保生大帝、土地公、临水夫人、杨王爷等。另有四庙，为城隍庙、天后庙、关帝庙和八圣王府。走在其中如同走在信仰的世界，其中弥漫着虔诚的祈求，顺风、安康、护子、富贵、祛灾、避邪、丰收、幸福……一切追求理想生活的念头已在那儿有了数百年光阴的积累。

时光漫漫无边际，前尘往事尽如烟。融入福全，发现它本是一处福地，正如它的名字，也可以理解成一艘"福船"。然而，历史如一片汪洋，世间风雨不断，大海更是危机难测。福全几回兴衰，令人扼腕，令人感慨。好在而今世态安宁，不论是官方还是民间，对古城古村的保护也在一步又一步加强。沧桑不断远去，福全人的幸福之梦已然近在眼前！

福全所城／刘剑聪 摄

六鳌所城

六鳌所城位于今漳浦县六鳌半岛六鳌镇六鳌村，据《漳浦县志》记载，六鳌宋代已有建置，属安仁乡含恩里。元代在此设青山巡检司。明洪武二十年(1387年)，江夏侯周德兴奉命巡视福建海防，设置备倭城池，在此设六鳌守御千户所，隶属镇海卫。六鳌所城始建于明洪武二十一年（1388年），城墙全部采用长条形的花岗岩石块砌筑而成，条石宽约40厘米，长约1米，依山势地形起伏，筑于天然岩石上。全城平面呈略显三角形的不规则圆形。周长1930米，高6米许，厚2—3米，城墙上建有雉堞及铺舍，城外以海为濠。东、南、西南、北四面设城门，各门有夯土城楼。其中北门为主城门，城门面阔4米，城楼高约10米，门外建瓮城。所城东西两侧的城墙上又辟有5座水门，用于排洪和战时应急。

　　六鳌古城自建成起，就与铜山、悬钟等千户所共同戍守福建南部海岸线。清康熙元年（1662年），六鳌古城村民因"迁界令"内迁，部分村民逃到台湾依附郑成功，城池被废弃，逐渐衰败。"复界"后，六鳌人口大减，所城的辉煌一去不返。

　　六鳌古城现存整体格局较完整，现存包括古城墙、古城门、城楼、观察台、兵营、校场等军事防御构筑物，以及关帝庙、妈祖庙、祠堂、民居建筑群、碑刻、摩崖石刻。现存城墙共29处，约431米，最高一处城墙残高约5米。西门及西侧水门保存较好，其他各门损毁严重。关帝庙及妈祖庙保存状况良好，其中关帝庙为省级文物保护单位。城内外保存的民居群多为明清时期建筑，集中于村落东北部和西南部，共有古民居98栋，大多数保存较好。现存明代碑刻有6处。2001年六鳌城墙被公布为福建省文物保护单位。

探访六鳌古城

柳小黑

　　汽车在宽阔的道路上行驶，远处是隐约可见的渔港，海风吹来，路旁的田野漾起饱满的绿意，扑面而来。大路尽头，几条小巷过后，便来到鳌山下。山边有一座大门洞开的祠堂，抬眼一望，祠堂的门楣上挂着一块木匾，书曰：蔡氏家庙。家庙朱瓦白墙，雕梁画栋。虽曾翻新，而里外布置却古香古色。正所谓未入古城，便见古意。

　　蔡氏家庙的不远处，是一座新近改建的乡村公园，一面恢宏的人造石壁，耸然入眼，极大地渲染了古城的雄浑气派。车在此处停驻，稍作歇息，我便兴

六鳌古城/陈江河 摄

六螯古城 / 田敏强 摄

致勃勃地往山上走去。登得山来，遥望一线古城墙逶迤而去，墙脚下荒草离离，古榕婆娑。山路尽处，一座石门掩映在绿荫之下，门柱上苔痕斑斑，像长满胡子的时光老人，默默地迎候着往来的行人。

转过石门，城墙之上竟是一大片带状的平地。一排坍圮的古屋整齐地排列在绿荫蔽日的小路旁，乍一看并无什么出奇之处。可靠前一瞧，其外墙竟是用石块、瓦片沙土层层叠起垒砌而成。它们历尽岁月风霜，虽然有了些许的斑驳侵蚀，在阳光的抚摸下，裸露出赭黄的内釉，给寂寥的古屋蒙上一层层神秘的面纱。古屋各自独立建造，相隔甚近，其间断墙残垣，碎瓦铺地，尽显厚重苍凉。

沿着小径细细地观赏古屋风貌，其屋、其墙、其窗无不古意盎然。路边古榕比比皆是，枝干遒劲，浓荫蔽日。小路、古屋与古榕相映成趣。那些古榕，大多如同一把巨伞，遮天蔽日，树根粗壮虬结，纵横交错，有如巨大的龙爪，紧紧抓住古城墙基础岩石，根须攀附墙体，甚为奇特。

　　再往前走，只见几个人正在一口井边舀水取凉，耳畔不时传来他们"啧啧"的惊叹声。我好奇地凑上前去。这是一口古井，井中绿苔覆壁，凉气逼人，井水清幽，映口漾影。一个前来取水的农妇热情地给游客们介绍说，这是一口清代的古井，井水特别甜，山下的村民平时都不辞劳苦地前来登山取水。六鳌为半岛，三面环海，水源较缺，而此处高居山腰，竟有如此百年泉眼，实乃一奇。

　　遍观古城，城内早已无人居住，那些空置的房屋虽然古老破旧，但门窗上却仍然贴着鲜红的对联，好像说明古屋仍有自己的主人。荒草之中是一片绿油油的菜地，菜地一角，草丛郁郁，刺桐花和三角梅依然迎风盛开，为古屋的周匝增添了不少乡野之中特有的生机。

　　山路弯弯，眼前出现一条旧时的村道。顺着村道望去，山下旧瓦连片，古厝井然。在寂寥的时光里，几位古稀老人正坐在榕树下的石板凳上，或谈心，或静养，好不怡然。

六鳌武庙/田敏强 摄

古城西北侧，有一座规模不大的庙宇。庙体老旧，却香烟缭绕，可见香火极盛。我走进庙中，出于好奇，便主动与一位上了年纪的守庙人攀谈起来。言谈之中，我发现守庙的老伯非常熟稔这里的掌故。他说，这是一座关帝庙，始建于明隆庆五年（1571年），算起来已有四百多年的历史。这里古代驻有兵营，兵家讲究忠义，所以就建造了这座关帝庙，以供信仰。

六鳌在元代的时候隶属镇海卫，为明洪武二十一年（1388年）设置六鳌守御千户所而建，在明代前期对抵御倭寇入侵发挥了重要作用。明嘉靖年间，海防松懈，倭寇长驱直入内地。嘉靖末年，戚继光、俞大猷奉命从浙江入闽剿平倭寇，后来仍留有一部分军队驻六鳌古城，守卫海防。

为了证明这一段历史，老伯欣然带我来到城北的一处墙脚下，指着一块斜倚在城墙上的古碑，他说这是一块明代的古石碑，刻有《宪伯俞公泽枯靖海碑记》，据专家考证，碑文主要是记录当年抗倭名将俞大猷的抗倭功绩。因为古城墙体上爬满铁蒺藜，我不好上前细看，只是靠前稍微瞄了一眼。那碑文虽显漫漶，却也仍依稀可辨。而老伯的一番话，让我对古城更加肃然起敬。一块古石碑，不正是完整地记录了一段古城儿女抵御外侮的血性历史吗？

告别老伯，走了不多远，眼前又见一座全新的妈祖庙，庙前一副对联："天绕碧水四海清平，台依鳌峰万民安乐。"多美好的祈愿，海边人朴素旷达的胸襟，可见一斑。

沿着野草葳蕤的山中小径，一路绕到古城的东部，这是古城朝海的一面。山下有石阵潜入海中，在海浪的拍打下发出隆隆巨响，动人心魄。人立山坡，海风吹来，衣袂飞扬。放眼望去，远处的海滨，渔船云集，桅帆林立，甚是壮观。在荆棘丛生的山坡上，巨石翘立，其间有一摩崖石刻，镌有"嵯峨一片石，独对海中天。大地东南去，群山不敢前"的诗句，字体遒劲，颇见古风，为古城平添了几分雅趣和豪情。

六鳌天后宫 / 田敏强 摄

　　站在占城上，回望来路，我对占城的全貌有了一个大体的印象。古城依山而建，筑于天然岩石上，绕山腰一周，随山势起伏，错落有致。陡峭的山势，坚硬的花岗石城墙，再加上城外俨然天然护城的大海，使古城成为易守难攻的关隘，难怪古代的兵家都这么煞费苦心地经营着这一方滨海要塞。

　　望着山下岑寂朴拙的民居，眺望远处布满云霞的蓝天、潮起潮落的大海，谛听时而低吟浅唱、时而万马奔腾的涛声，仿佛那远古的历史画面掠过眼前。岁月亘远，古城依然，我不知道人们驻足古城的时候，都会有什么样的感想？

　　今日，我用敬穆的眼神抚摸了古城的一石一垒、一草一木，在与古城英雄往事冥会之际，不由豪情顿生。下得山来，作诗一首，以记今日的古城之行：

鳌城揽胜值清明，

半作踏歌逸士行。

风过青山听渔唱，

登高吊古起雄心。

晨曦

铜山所城

铜山所城位于今漳州市东山岛铜陵镇。明洪武二十年（1387年），江夏侯周德兴奉命巡视福建，部署沿海抗倭工作，主持修筑铜山城，设立铜山守御千户所，屯兵1220名。初建之时，城周围571丈，高2.1丈，宽1丈；雉堞864个，铺舍16间，城墙由条石垒砌；开设有4座城门，置大炮数十门。

在建立铜山所城的同时，周德兴另选海滨战略要地，设置5处水寨，其中就包括铜山水寨。最初是在今漳州市漳浦县佛昙镇设置了井尾澳水寨，后于明景泰三年（1452年）迁到今东山县铜陵镇九仙山麓的西门澳。每年汛期时抽调官军来此，轮番值勤，出海巡哨，巡哨范围包括澳雅头到西门澳一带的海域。同时在九仙山修建水操台，指挥遥控，演练水师。自此，铜山所城及铜山水寨成为负责游戍闽南粤东沿海及台澎海域的防务重地。

明万历二十二年（1594年），把总秦经国在铜山所城外又增筑把总寨、参将署、海防馆等衙署。即便如此，铜山所城还是在嘉靖年间两次被倭寇攻陷，城池损毁严重。明天启七年（1627年），铜山所城又一次被海贼攻陷，铜山水寨衙署和城外的参将署彻底被烧毁。经历多次败绩后，铜山所城官兵大量逃亡，所城城池逐渐衰败。

清顺治十八年（1661年），铜山所城被清军攻陷，城墙被拆毁。康熙三年（1664年），郑成功部将张进占领铜山所城，城池被放火烧毁。康熙十九年（1680年），清军将领又在铜山所城击败郑成功部将，再次焚烧城池。经历多次战火后，铜山所城城墙所剩无几。

铜山古城墙现仅余东门保存原来风貌，东城门洞高3.4米，宽2米，厚2米。现总体保存完好，结构稳定，具有较高军事、历史文物价值。除古城墙外，铜山古城内仍保留了大量历史遗存，包括关帝庙、书院、民居及老街。2018年铜山城墙被公布为福建省文物保护单位。

铜山水寨的建筑虽已大部分被损毁，但仍完整地保存着20多处明清时期的摩崖石刻和碑刻。最著名的是山南左侧石壁上由明嘉靖五年（1526年）福建参政巡海道蔡潮巡视时写下的楷书大字"宦海恩波"。

铜墙铁壁话古城

林定泗

　　当你驱车驶过闽南东山岛铜陵环城路北，你就看到了屹立于海上的省级文物保护单位铜山古城。这是一座建造于明洪武二十年（1387年）的巍峨古城。其时，明太祖朱元璋为防御倭寇的袭扰进犯，派江夏侯周德兴在福建沿海建造16座城堡，铜山古城便是其中之一。六百多年来，其他诸多古城几乎被历史的波涛荡尽，而铜山古城依然巍峨矗立于祖国东南海疆。

　　站在这历尽沧桑的古城上，但见其东、南、北三面都是悬崖峭壁，怪石嶙峋，而古城却巍然奇筑于其上，让你感觉着造物主与人力竟能如此巧妙地结合；之后，你放眼浩瀚的海疆，一定为之惊叹：修城者周德兴有眼力啊！

　　史载，原来铜山城的选址非常具有戏剧性。当初周德兴虽然知道一定要在地处闽粤要冲的东山岛修建一座防御外敌来犯的城池，可是他的初衷却是选在距铜山城3里路远的龙潭山上。开工不久，周德兴来到东山岛东北角的最前沿，当他站在临海的古嵝山上，望见左面200多平方公里的东山内海涌出的潮

南门湾/占冀源 摄

167

水，激流滚滚，汹浦澎湃，令他十分振奋。察看之余，他发现一个大问题：如果把城修建在龙潭山，一旦外敌从海上侵扰，守军从那里赶到海边，已来不及。再俯瞰周边，但见古嵝山下，东、南、北三面都极为险要，船只难以靠岸，唯有西边是一马平川的沙地，只要把西面的沙地改造好了，无疑会成为一样险要的城池。于是周德兴下令废弃龙潭山的城基，就在古嵝山周边修建城池。

为了改造西边平缓沙地，具有丰富作战经验的周德兴令人在西边挖出七个大池，把其中的沙子作为城墙中的填充物，而这七个大池，就是后来的"七星池"。如此一来，铜山城四面都是险要之地了。《铜山志》赞曰："砌石为城，临海为池，实墉实壑，其万世不可拔之利矣！"

周德兴深知要使守卫铜山城的官兵忠于职守，勇敢杀敌，必须让守城的官兵有所敬畏。于是他在修城的同时还修建了两座大庙，一为关公庙，即现在的国家级文物保护单位东山关帝庙；二为关公庙隔壁的城隍庙。前者意在激励戍守官兵像关公一样忠勇杀敌；后者意在暗示谁不忠于职守，城隍爷将拿他是问。

说到这里，人们可能会问：周德兴怎么可能一下子在福建修了16座城？这话问得好，其实，这位大将军是负责总策划的，具体实施者当然是每个城池的另外一个将军了。那么，修建铜山城的将军是谁呢？说出来又一次令人称叹。负责修建铜山城的将军，是文天祥的后裔。

按广东省潮安县凤凰镇文天祥纪念堂编纂之《下埔文氏祖史简介》载，文天祥"二十九岁……育长男，取名道生"。《广州日报》2005年10月24日《文天祥后裔种茶凤凰山》一文提到："南宋危难之际，文道生令妻子和年幼的儿子文伯平逃难到现丰顺县……1292年，遗子文伯平为避祸移居到凤凰山下埔村……"《潮汕百家姓》也载："文伯平……育有汝香、汝旺、汝光、汝明、汝山、汝海六子……汝海移居福建省东山县铜陵镇。"

关帝庙/黄辉全 摄

　　而今铜山古城文姓人家，都自豪地称他们的祖上是文天祥；又称迁居铜山城的一世祖是"指挥祖"，即明代卫所的指挥使司，掌一方军政，统率其所辖卫所，属五军都督府而听从兵部调令，职级正三品。文姓人们又说，据祖上文氏族人言，他们的一世祖是周德兴的部下，负责修铜山城，当年文老将军在指挥一艘运载石头的船上，因为风浪太大而不慎落水，同船人在他落水时要抓住他，可是船体摇动太厉害，结果只抓住他的一只官靴，人还是掉下海失踪了。因此将军属下及其家属就用这只官靴做了一个衣冠冢，埋葬于铜陵镇西边乌观山岗上一个名为"一片姜"（今大澳渔港上边的小山岗）的地方。可见当年修城之艰苦。

　　为证实此事，笔者查阅了铜陵镇黄俊清先生家藏本《铜山志·皇明铜山武将》，惊奇地发现历史资料中，排在第一位的武将就姓文名元："文元，官授至镇海卫掌四所指挥使司兼检校治尉，诰授定武将军，敕封明治大夫。"也就是说，这位名叫文元的将军，是明代修建和戍守铜山城的第一个将军。

　　那么，又是谁给铜山城取名的呢？取名者还是周德兴将军。据《铜山志》记载，城修好后，周德兴为给它取名很是费了心思，在得知城西有个村子叫铜钵后，他灵机一动抓住了"铜"字——我的城应该是铜墙铁壁之城！从此，在闽南的东海之滨，这高高矗立的城就名叫铜山城。

　　几百年来，铜山城确实成为捍卫祖国海疆的铜墙铁壁。在铜山城修建后的一百年间，戍守官兵据城严加防守，没有发生大的战事。

　　嘉靖年间，倭患严重，为更有效打击来犯者，铜山古城加强了军事设施，其一是嘉靖十年（1531年），在东门增置四方形的月城，以便放置古炮。其二是嘉靖二十三年（1544年），把总陈言又在北边的城门上增设高约十丈的

古城墙／林杉 摄

风动石/占冀源 摄

城楼，以加强对海域的瞭望监视。

明朝末年，郑成功看中了铜山城，四次来到这里察看地形，选择它为反清复明的坚强基地。南明隆武二年（1646年），郑成功在铜陵城边的西门澳港训练水师，同时修建船厂，打造战船，以图恢复。最值得一提的是在郑成功东渡海峡收复台湾之时，留下爱将张进驻守铜山城。当时，另一部分将领在清军大军压境的威胁下，思想动摇。其中驻守城外的郭义、蔡禄两将领谋划兵变。一天晚上，郭、蔡率众占据了铜山的四个城门，并威逼张进。张进知道事情有变，急令随从冲出衙门，可是已经迟了。他深知一旦以自己的五百旗兵来和七千反叛者交战，铜山人民一定会立马支持他助战，可是他们手无寸铁，不是叛军的对手。无奈之下，为了铜山人民，张进自己点燃了火药，以身殉国。

在与进攻铜山城的清军进行生死搏斗的38年间，铜山人民凭借这座古城奋勇抵抗，直到康熙三年（1664年）才最后落入清军之手。这也就是说，铜山古城是中国大陆最后一个被清军占领的地方。正如明朝遗臣辜朝荐所言："铜为忠义文献之区，孤城抗战，我国家三百年深仁厚泽之报，仅得以铜。"

又据民国稿本《东山县志》载，在清军占领铜山城之后，清军将领李率泰"强迫铜民内徙，于是毁城焚屋"。清军以为这样做，就使铜山人民失去了敌对反抗的凭借，殊不知铜山人民在自己的心中已修建了更加强大的城，他们继续以各种方式反抗清军。这是清军万万想不到的。直到康熙二十年（1681年），占领军才在痛苦的抉择中重新修复铜山城，军民关系才得以缓和。

不仅是清军急于功占铜山古城，倭寇对铜山古城的仇视更加长久和激烈。明代倭寇的事情暂且不说，单说抗日战争期间，日寇首先就是要炸毁铜山城。据民国稿本《东山县志》记载："日本果然野心勃发，冒险进攻东山，它以十艘兵舰，载着八百多倭子兵，并配合着轰炸机九架，滥施轰炸。"日本兵舰"发炮攻城"，飞机"投弹助虐"。由此可知，这象征着东山人民顽强抗日意志的古城，是日本欲毁之而后快的首要目标。

令人不可思议的是，民国时期的某些当政者，也加入了毁城的行列。据民国稿本《东山县志》载："民国十六年海军驻此，拆毁城堞一隅，用于填码头，砌道路。二十九年东山三度抗战，楼县长胜利又拆毁西门一带城垣，供筑公墓、防波堤、中正公园之用。"这对保护历史文物即保护不可再生的文化遗产重要性的认识不足，实在令人失望。

铜山古城的兴废，令人无限感慨。而今漫步古城，我们也会产生不能尽兴之憾，原因是这残缺的古城，毕竟尚未完全修复。真希望什么时候完全恢复古城原貌，到那时，我们漫步于其上，就会有更强烈的自豪感了。

铜山摩崖石刻 / 占冀源 摄

悬钟所城

悬钟所城位于漳州诏安县梅岭镇南门村，原称玄钟所城，是明代玄钟守御千户所的驻地。洪武二十年（1387年），江夏侯周德兴奉命巡视福建海防，设置备倭城池，在此设玄钟守御千户所，隶属镇海卫，并于同年开始兴建所城。

　　玄钟所城初建之时周长550丈，砌以条石，垣面广1丈，高2丈，女墙861垛，窝铺15座，开设4座城门，各建有城楼。东西二门可直接到达海边，环海为壕；北门通路可到达南诏（今诏安县南诏镇），北门外设有操练校场及负责传递公文接待往来官员的玄钟铺；南门外所城倚靠东山，东山之上设有7座墩台。

　　明嘉靖四十二年（1563年），倭寇攻陷玄钟城。嘉靖四十三年（1564年），福建总兵俞大猷、戚继光屯兵于此，消灭倭害。隆庆六年（1572年），悬钟城重修，并在3座城门外加建瓮城，增建雉堞60个，铺舍10间，形成了今天悬钟所城的东、南两门的格局。

　　清顺治十八年（1661年），清廷下令迁界后，玄钟所城逐渐被废弃。康熙年间，为避康熙帝名讳而改为"悬钟所城"。康熙五十八年（1719年）再度重修，但已不再作为军事城堡。

　　1989年，侨胞捐资重建西门部分城墙。现存城墙约长1800米，残高4—6米，宽3—3.5米，用条石以"丁顺砌法"叠砌而成。东门、南门保存较为完整，南城门外建有瓮城，东西长13.2米，南北宽8.8米，城门为石拱门，顶宽2.45米，厚1.7米，高2.5米。南门瓮城内留存一口古井。南门城墙上镶嵌着一幅"飞天女神"石刻图案。除此之外，所城内的果老山上各处尚存大量明代摩崖石刻28处，多创建于明代嘉靖、隆庆和万历年间。2005年，悬钟所城墙被公布为福建省文物保护单位。

故垒当年想戚公

黄清河

清代黄开泰有一首七律，题为《悬钟怀古》，诗云："平倭荡寇气如虹，故垒当年想戚公。极浦偏舟归夕照，寒山旧堞噪秋虫。吐吞潮汐涛声壮，坐镇东南地势雄。欲叩英魂觅无处，海天怅望动愁衷。"《漳州府志》载："（道光）二十五年乙巳恩科萧锦忠榜，黄开泰，诏安人。"也就是说，黄开泰是道光二十五年（1845年）恩科考中进士的诏安人。道光二十五年距离戚继光在福建抗倭的明嘉靖年间已经300年了，所以叫"怀古"。有《悬钟怀古》，再写悬钟城似乎有点多余。

悬钟所城/伦宇 摄

　　《明史·地理志》载："诏安，府南（在漳州府南）。本南诏御千户所，弘治十八年（1505年）置。嘉靖九年（1530年）十二月改为县。南临海……又南有守御玄（悬）钟千户所，东有守御铜山千户所，俱洪武二十一年（1388年）二月置……"可见，悬钟所和铜山所同时设立，当时同属于诏安县。关于悬钟所的设立时间，有资料称，是"明洪武二十年（1387年）由江夏侯周德兴建"，时间相差一年。我想，问题可能在"置"和"建"上，先建后置，建完才由中央政府批准设置。

　　明初国势鼎盛，明成祖朱棣时，对倭寇的骚扰均能给予沉重打击，所以海患未烈。随着明朝政治腐败和国力下降，到嘉靖年间，倭寇之患日趋严重。嘉靖二年（1523年），倭寇竟杀了明备倭都指挥刘锦、千户张镗，大掠宁波沿海各县。明廷错误地归罪于海上贸易，撤销了专管海外贸易的市舶司。

春到古城／许少球 摄

悬钟所城夕照／许少球 摄

于是日本商人、武士和浪人更大规模地组织武装走私，并劫掠沿海居民。为了牟取暴利，中国沿海的豪绅奸商也成群结党，组成武装走私集团，亦商亦盗。倭寇和这些奸商海盗互相勾结，狼狈为奸，烧杀劫掠，攻城略地，致使东南沿海生灵涂炭。当然，明帝国是不容许他国侵犯的。明初确定的以固守沿海寨（岛）卫（岸）和舟师出海搜捕相结合，就是海防战略的积极防御方针。就是在这样的人背景下，明代建设以卫、所为中心的沿海防御体系。每个卫、所都有独立作战、长期坚守的能力，它防守的海岸为100—200公里，成为明代海防的骨干。

我们在悬钟城南门的旧城墙上，看到一块牌匾，上面提到，悬钟所城是明清时期的军事要地，戚继光、俞大猷、郑芝龙、郑成功曾屯兵于此，现属省政府2005年5月11日公布的第六批省级文物保护单位。我的眼光在"戚继光、俞大猷"的名字上停留了许久。

有关史料称，嘉靖四十四年（1565年）四月，与倭寇勾结的海盗吴平，私造船数百艘，聚众万余，筑三城自守，活动于广东潮州、惠州，福建诏安、漳浦等处。福建总兵戚继光督兵袭击，吴平移其辎重入舟，率众逃入海保、安澳（广东饶平东南海中）。八月，吴平等驾船四百余艘出没于南澳、浯屿。四十五年（1566年）正月，总兵俞大猷率水兵，戚继光率陆军会攻，大破之，吴平逃据饶平凤凰山。四月，闽广明军以舟师夹击吴平于万桥山下，会大风，明军用火攻，烧其舟，吴平军大败，死者甚众，吴平下落不明。次年，俞、戚追歼吴平余部。至此，东南沿海的倭患，经过沿海军民的艰苦奋战，基本上得到平息。

从悬钟建置到郑成功屯兵悬钟城，时间跨度约三百年，也就是说，至少这三百余年间，悬钟城一直是军事要地。军人武字当头，崇尚武圣关公，设庙拜祀是理所当然的事。传说，在倭寇、海盗窜扰掳掠时，这位平时端坐大庙、

古城故事多／许少球 摄

果老山巅的隆庆四年（1570年）题刻／郑国珍 摄

美髯飘拂的关公曾多次显灵，身跨赤兔马，手持青龙偃月刀，英姿勃发地出现在倭寇、海盗作恶的地方，把倭寇和海盗吓得狼狈逃窜。

然而现在，当我们来到位于悬钟城南门的关帝庙时，香火旺得很，一派祥和的人间气息。关公的伟岸浸泡在庸常的生活之中，几乎彻底地平民化、世俗化了。到这里来烧香的，大都求的是平安、健康、财富，与关云长的"忠"与"义"相去甚远。而且，庙边还有几个算命摊子。现实和历史开了一个小小的玩笑。

《漳浦县志·兵防志》载，悬钟所、铜山所不但同时设立，级别也一样，都是"官同千户所"，设"正千户（正五品）""副千户"和若干"百户"。铜山所有兵1220名，悬钟所有兵1168名。两个千户所，两座兵营，就像两个孪生兄弟，可是，六百多年后的今天，这两个孪生兄弟的面貌却大不相同。是的，城市与村庄，都和人一样，都有自己的"命"。2018年的一个秋日，我站在悬钟所城东门残破的城墙上，远望宁静的大海，感慨万千。

众所周知，铜山所现在已经发展成为铜陵镇，人口5.4万。它曾经是东山县的县城，如今是热闹的旅游点，人来人往，游客不断，而"坐镇东南地势雄"的悬钟所城却成为名副其实的"古城"，"古"依旧，而"城"已不存，留给我们的是残墙、沙丘、树木（木麻黄）、荒草。当然，还有一个村庄和一座大庙——西门内果老山麓的关帝庙。那个村庄叫梅岭镇南门村，我顺着村道往北走，走上一条水泥大道，看到一所现代建筑，大门外挂着一个牌子"诏安县悬钟城小学"。

作为军事要地的悬钟所是什么时候被遗弃、荒废，进而成为现在这个模样的呢？这个问题，只能留给文史专家去考究了。我不是专家，只能发一点感慨。悬钟所的沧桑似乎比铜山所的繁荣更有警醒意义，太平的生活值得珍惜，更需要捍卫。最后，我想悄悄改动一下黄开泰的诗，作为本文的结束：

平倭荡寇气如虹，
故垒当年想戚公。
英气常留国人心，
万里海天颂太平。

果老山巅的万历八年（1580年）题刻 / 郑国珍 摄

琴江水师旗营

琴江水师旗营，即三江口水师旗营，位于福州市长乐区航城街道下属的琴江满族村，地处三江口岸。据《琴江志》记载，旗营奏请立于清雍正六年（1728年）。在立营之前，康熙曾派遣康亲王入闽平乱，并命部队驻扎在福州旗汛口、蒙古营一带。因旗人不善水战，需选取一个恰当的位置建立水师操练场所，驻福州将军蔡良、副都统阿尔塞及总督高其倬奏请设置闽县洋屿水师营。次年，福州驻军部分迁移至洋屿，开始兴建水师营围墙、兵房衙署、庙宇等建筑。

水师旗营组建后，有两次影响较大的调整。第一次是从乾隆年间到鸦片战争前夕，清廷对船只进行裁减，淘汰了大量的大船，仅留下轻便的小船。第二次是鸦片战争后，清廷改水师为陆师，专防内地，将水师旗营的驻军裁减至300余人。通过这两次的裁减，水师旗营的人口大量流失，逐渐走向衰落。

清光绪十年（1884年）七月初三，马江海战爆发，水师旗营以木船敌法军军舰，几乎全军覆没，旗营也逐渐废弃。民国之后，水师旗营逐渐失去了军事作用，成为以居住功能为主的传统村落。但居民大多为八旗子弟后人，仍保留了一部分旗人习俗。

琴江水师旗营的城墙于1950年拆除，用墙砖铺设公路，现仅存南门及部分城墙。营内的其他军事建筑保存较为完整，基本可以分为三类。第一类是兵房，多为一进院落式民居，沿街巷一字排开，按照等级分为单开间到四开间不等。第二类是军事指挥系统，如将军行辕、协领衙门等。将军行辕始建于雍正七年（1729年），原为三进单层天井式建筑，宣统二年（1910年）改为楼房，现仅存中进部分建筑。第三类是布防及演习场，如炮山、圆山水寨、火药库、班房等。2010年，琴江村被公布为中国历史文化名村。

🔖 八旗猎猎话琴江

张小菁

这里有一条江，名不见经传，因为形似一把古琴而得名。

这里有一座城，确切地说只是一个小村庄，村里 140 余户人家过着平静的生活。

就是这样一个村庄，经历了 270 余年风风雨雨，其中也有惊涛骇浪，却神奇地保留下了中国乃至世界的多个唯一：我国东南唯一的满族村，我国唯一保留比较完整的清代八旗水师旗营，我国唯一一个参加过近代东南海疆所有重大海战的村庄，世界上现存唯一一个兵民合一的古代营盘。

这就是琴江，曾经八旗飘扬的地方，一座尘封已久的"满城"。百年间这里演绎出了许多鲜为人知的故事。

琴江满族村 / 夏日利 摄

"满城" 探秘

"一片清辉月满舟，水天相映夜光浮。耳边似觉琴音奏，韵出空江听水流。"这首载入《长乐六里志》中的古诗，描写的正是琴江。天、水、月光、琴音、水声，好一幅诗意画卷！

清雍正七年（1729 年），清政府出于对台湾和东南海防的重视，在"去海不远、密迩省城"的福州琴江建立了三江口水师旗营，作为清代四大水师旗营之一，它的建立比马尾水师还早 150 年。

清代，凡八旗驻防的营盘都筑有围墙，三江口水师旗营也不例外。设立围墙是为了保护旗营，同时防止旗人的"汉化"。平时旗人不得擅自出城，亦不可与汉人通婚，围墙之内形成一个小社会，学术界把这样的围城称作"满城"。辛亥革命后，这里蜕变成一个自然村，即现在的长乐区航城镇琴江满族村。

对外人来说，这座"满城"充满了神秘。首先是它迷宫般的街巷布局。这里的街道纵横交错，时而相通，时而封闭。每条街道的末尾，总有一座庙挡着，当你以为到了尽头时，却"柳暗花明又一村"，原来它又通向另一条街巷；有时你以为前方还有路，走到底竟是一条死胡同。为什么要建造这样的迷宫呢？原来，作为一个营盘，它的规划设计完全着眼于军事需要。不但有迷宫式的街道，而且两条街道交接处都留有一块几十平方米的空地，既可以埋设伏兵，又可以展开厮杀。这是冷兵器时代巷战的需要。

再说这营盘的下水道。走进村里，你闻不到异味，也少见蚊蝇，原来这里有大大小小十几条明沟暗渠，它们形成一个完整的系统，最后都汇流于两条总渠，注入闽江。涨潮时，江水流入沟渠；退潮时，便带走了污流浊物。这样一来，营盘内大大小小的下水道都被冲刷得干干净净。卫生了，就不会生瘟疫，这是战斗力的重要保障。

水是生命之源。旗营就在闽江边，饮水本不成问题，可是为防止战争中被围城，旗营内遍布水井。除四口内径近两米的大水井外，每家每户都自己挖井，有的大户人家家中还不止一口井。

作为一个军事城堡，炮台是少不了的。营盘中央有一座小山叫小鲤鱼山，炮台就安置在这里，营前的江面和营后的一片绿野都在其控制之中。远看绿树掩映，十分隐蔽。

西方满史研究学者托马斯·泰勒·迈德斯在深入考察了我国八旗驻防的"满城"后，不由得惊叹于它的周密性。但战争中最主要的因素还是人，琴江旗人的战斗意志是否如这座城堡一般坚固？这一点，翻阅琴江的历史，答案不言自明。

孝友坊／夏日利 摄

185

穿过硝烟

"驻防海疆胸怀祖国功昭日月，抗击法寇血洒闽江气壮山河。"这是一支骁勇、顽强的军队，有人从惨败的死尸堆中爬出来，潜回驻地，次日又挥师杀去，直至取得胜利。从清雍正七年（1729年）到辛亥革命的182年间，这支军队参加了无数次战斗，尤其是参加了有关东南海疆几乎所有重大海上战役，无论胜败，他们都勇往直前。

然而，牺牲也是巨大的。三江口水师旗营奉旨立营时有141姓，经过100多年的征战，仅余51姓，有90姓因男丁战死而绝嗣。"辛苦北来致绝，血食叵哀孰甚？"面对琴江人在战争中的巨大伤亡，《琴江志》的作者发出了一声长长的哀叹。

琴江的历史就是一部穿过硝烟的历史，一路上血泪相伴。然而当血泪也成为历史，那些载入史册的赫赫战功带给琴江人更多的是自豪。

乾隆五十一年（1786年），经过三年的跨海征战平定了台湾林爽文之乱；嘉庆年间转战海上七年，与李长庚等一起歼灭骚扰东南沿海的蔡牵海盗集团；在鸦片战争中，严守闽江口，使福建免遭一次战争的涂炭……而这其中最辉煌的一页则被永远定格在1884年的那个夏天。那一年，是该营建营156年。

1884年8月的一个夜晚，杂乱的脚步声连同不祥的预感笼罩着这座小城。女人们送走了她们匆匆整装奔赴战场的男人，她们并不知道，这个长夜之后，她们再也等不到自己熟悉的那个身影归来。8月23日，农历七月初三中午，隆隆的炮声响彻琴江，中法马江之战爆发了。

这是一场惊天地泣鬼神的反侵略战争。时任闽江口驻军统带的黄恩禄（原三江口水师旗营佐领）率部奋勇抗击，官兵们舍生忘死，凭着火枪土炮甚至是

手划八桨船对抗法军的坚船利炮，终因力量悬殊，伤亡惨重。此役三江口水师旗营有 209 名官兵阵亡，其中马家巷的男丁全部牺牲，马姓从此在琴江消失。琴江至今还流传着一首民谣："法夷打闽安，旗兵战沿江，战死李连安，炮伤张十三，家家泪水淌不干！"战后，清廷为抚恤死难烈士，在马尾建"昭忠祠"，并对有功人员逐一奖赏，琴江北门外则建有"忠魂堂"和"五炮神庙"。

此战成为琴江人心头永远的痛。此后每年七月初三，村人都要在江边祭奠亲人，供上瓜果，放漂水莲灯。今天，琴江后人还珍藏着先辈立功的功牌和马江海战中三江口水师旗营使用的令旗——飞虎旗，它们现已被复制收藏于中国军事博物馆。

书声琅琅

"月亮月亮挂金牌，爹娘送我读书来。先生打骂不用劝，学生长大中秀才。"琴江有很多劝子读书的民谣。岁月更迭中，始终不变的是这座小村里琅琅的书声。因为重教，这块弹丸之地英才辈出。

你可以想象吗？仅清嘉庆七年（1802年）准许旗人就地参加科举考试到光绪废除科举的100余年间，这里就出了2名进士、105名举人、289名秀才；从清末到民国，这里出了7位海军舰长、1位海军中将、2位海军少将。而如今，这个村已有16个洋博士，其中就有美国通用公司副总裁许俊宸。

琴江之重教，是全民的意志。当时的旗兵"兵有定数，饷有定额"，随着人口的繁衍，出路何在？只有读书。有的家族把族内孩子都集中起来，白天上学，夜里秉烛夜读，待一支蜡烛点完之后才许回家歇息。此时倘有小孩子在外嬉戏，任何人都可以斥令其回家读书，而其父母还要被责为"教子不严"。村里甚至设了"惜字炉"，所有废弃的字纸不得随便乱扔，都必须放到"惜字炉"中焚烧。还有老者，整天背着纸篓，沿街捡字纸。在他们看来，字纸是圣人的眼睛，岂能被糟蹋轻慢？崇尚文化到这般地步，已近痴狂。

往上追溯，早在道光年间，旗营就办有官学，教授满文满语、"四书五经"，贫寒子弟皆可入学。官学还聘请有名望有才学的人执教，军机大臣荣禄的塾师许汝培就曾在此执教，旗营也因此"文风丕振"。至民国初年，该学堂除教国文、算术外，还教授英语、音乐、美术，这在当时是很超前的。一代代优秀的旗营后裔从这里毕业后又考入马尾船政学堂、国立大学，后又多有留洋，成为国之栋梁。就是这样一个小学堂，为中国近代海军输送了大量人才，琴江也因此出了很多海军世家。其中贾氏一门九代海军，是中国目前已知的连续代数最多的海军世家。

全民重教，为琴江造就了众多文化界和政界的精英。进士、翰林院编修黄曾源，他在庚子年间写的《义和团事实》是今天研究义和团的重要史料；留英后执教于马尾船政学堂的贾凝禧，著有《天文》一书，在该校与严复并称"二妙"，"诸生皆幼佩"。此外还有曾与潘主兰、张虚我并称"天涯三客"的福建一代名画家李廷迎，我国海商法研究创始人之一黄廷枢教授，当代著名的经

贾氏海军世家 / 夏日利 摄

济学家邓荣霖教授，原一机部副部长、新华社香港分社副社长、晚年参加香港回归中英谈判的曹维廉，全国民主促进会发起人之一曹鸿翥，被新华社称为"中山舰最后一位幸存者"的张嵩龄，时任该舰副电讯官，他发出了中山舰沉没前的最后一封电报……还有很多闪光的名字，这里无法——列举，琴江浓郁的人文氛围已可见一斑。

乡关何处

"山一程，水一程，身向榆关那畔行，夜深千帐灯。风一更，雪一更，聒碎乡心梦不成，故园无此声。"这是清代满族诗人纳兰性德的《长相思》，也是琴江人祖祖辈辈的乡思。

琴江先人在两百多年前背井离乡，千里迢迢从北方来到这南方小村，一代人戍守在这里，这其中经历了多少心灵的沧桑！今天，依然有很多琴江古稀老人怀念远方的故土，而他们的故土在何方已无据可查，那种寻不到根的感觉总让他们想起时怅惘神伤。

三江口水师旗营在清代四大水师旗营中不算是最大最完备的，却唯独它保存至今，这与琴江人对自己旗下文化的坚守是分不开的。

这是一个方言孤岛区，这里的人说类似普通话的"琴江话"。琴江话里还保留许多东北方言和满语词汇，像乌里乌将（窝窝囊囊）、有唠唠天唠唠（东一句西一句）、颜蛇（壁虎）、爱肉（讨人喜欢）……

在琴江，就连小吃也诉说着这个南方小村与北方不可切断的渊源。琴江人逢年过节爱包馄饨，但这馅已经南方化了，放进了虾仁。还有好吃的南瓜饽饽。饽饽是满人最喜欢吃的小吃，原是用黏米制成，到了南方后就地取材加进了南瓜，倒也别有风味。

第喜门/夏日利 摄

村中很多老宅也都留有北方的影子，有的布局与北京的四合院很相似。还有人家保留了北方的炕，不过已经不是土筑的，而是木制的。

村里有一条首里街，完好保存着当年的木质结构兵房，它与普通民居的不同就在于它临街的门。门有四扇，正中的两扇门外又套上一矮门，门上有镂空的小窗。这小窗可是有说法的。因为战争，琴江有很多寡妇，她们默默承担着家庭重担，按旗人风俗，她们只有到子女成家了，才能走出这扇门。在此之前，外面的世界只是镶嵌在这小窗里的风景。一扇门，隔开两个世界。历史，总是忽略掉那些坚忍付出的女人，多少哀伤与渴望都已尘封。这扇门有个名字叫"第喜门"，只遇有大事才打开，它是家的门面，搬家时必须带走它，可见这扇门在族人心中的地位。

因为战争，旗人对子嗣的继承特别重视。村里有个供奉着送子观音的毓麟宫，百年来香火鼎盛。宫里有个戏台，据说是模仿当年清宫里的。虽说比不上清宫里的精致，但也精雕细琢。

麒麟宫匾额/夏日莉 摄

　　琴江还有一种从东北带来的民间艺术叫"台阁"，它在村里流传了200多年而不衰。台阁演员被固定在隐形的"铁机"上，由下边的人抬着演出，看似凌空表演，观众不明就里，叹为神奇。村里至今还活跃着一支由老人和小孩组成的台阁表演队，他们四处表演，这些演出大多没有什么收入，有时甚至得贴钱，但大家依然乐此不疲。

　　人世间所有的故事汹涌之后终将回复于平静。今天琴江人的生活状态正如这琴江水，江水来了又去，去了又来，日复一日，平静，平淡。

　　自1999年被列为首批省级历史文化名村以来，寂寞琴江已不再寂寞。然而令人痛心的是，经过百年风雨和这些年的土地开发、填江造地，许多遗迹已经消失或正在消失。面对不可再生的历史，漠然比遗忘更加可悲；而珍惜，不仅仅是留住记忆，更需要有生命的历史见证！琴江有几位上了年纪的乡亲，一直热情地为宣传保护琴江文化而奔走呼吁，他们出书办报、搜集民谣史料，唯一的愿望就是：留住琴江的历史。

　　往事如烟，而琴江的故事还没有讲完。

鼓浪屿龙头山寨

龙头山寨位于厦门市思明区鼓浪屿日光岩。日光岩为鼓浪屿的制高点，战略地位极其重要。清顺治四年（1647年），郑成功为抵抗清廷，在厦门沿海起兵，于日光岩建寨屯兵，操练水师。因日光岩旧称龙头山，故山寨称龙头山寨。据道光《厦门志》记载："鼓浪屿，厦门东南五里，在海中，长里许。上有小山、民居、田园、村舍。郑氏屯兵于此。上有旧砦遗址。"

现龙头山寨原石砌寨墙损毁严重，仅存东侧寨墙一段及寨门一座。寨门高约1.74米，宽约0.8米，保存较好，并设有通向山下的石阶；两侧寨墙共长约4.5米，高约2.9米。寨门及寨墙均以花岗岩条石垒砌而成。寨门四周崖壁上留有多处排列规律的凿孔，直径0.15米，深约0.08米，是龙头山寨建造的历史痕迹。

除寨墙外，山寨遗址周边还留存了水操台遗址及摩崖石刻。水操台遗址位于寨门右侧，遗址旁立有巨石，其上刻有"郑延平郡王水操台故址"。郑成功在此指挥操练水师，在收复台湾的战斗中建立赫赫功勋。蔡元培、蔡廷锴等许多名人在此留下题咏郑氏业绩的摩崖石刻。

1962年2月，厦门政府在水操台故址旁建立了郑成功纪念馆，2002年对危倾的石砌寨门进行修缮。1985年，龙头山寨及水操台遗址被公布为福建省文物保护单位。

浩气长存　龙头山寨

曾志宏

　　春天的清晨，我坐上渡轮前往鼓浪屿，时间早了些，鹭江水面依然笼罩在一层薄薄的晨雾中，那首著名的鼓浪屿回文联"雾锁山头山锁雾，天连水尾水连天"，说的不正是眼前此景吗？

　　下渡轮，走过鼓浪屿钢琴码头，岛上很安静，偶尔传来几声鸟鸣，街道有三三两两的路人经过，个个步履悠闲。我穿行于弯曲小巷，直奔日光岩。鼓浪屿的街道都是石头铺就，又短又窄，拐弯特多，不是上坡就是下坡，走起来饶有趣味。

摩崖石刻 / 曾志宏 摄

到了日光岩山门前，仰头望，只见日光岩耸峙于峰顶，两块巨石一竖一横相倚而立，一抹金色霞光恰好打在那块竖立的巨石上，更显得日光岩光彩夺目。日光岩别名"晃岩"，相传1641年郑成功来到晃岩，看到这里的景色胜过日本的日光山，便把"晃"字拆开，称为"日光岩"，它是鼓浪屿最早迎接阳光的地方。

进山门，对面有一巨岩凌空而立。其上有1915年许世英横题的"天风海涛"四个大字，其下左右两侧还有两行竖刻，分别是福建长乐人林铖所写的"鹭江第一"和江苏丹阳人丁一中所书的"鼓浪洞天"。这三大崖刻，对日光岩的风光做了最形象的概括。

日光岩景区有日光岩寺、秋瑾故居和弘一大师纪念园，平添了几分文化历史的底蕴。从日光岩庙旁的石阶拾级而上，两块森然壁立的高大岩石突现眼前，两侧有"九夏生寒"和"鹭江龙窟"题刻，走到此处果然略有凉意。

山寨入口／曾志宏 摄

从夹峙而立的岩石下穿行而过，再向上走两步，两块大岩石夹峙的隘口处即龙头山寨，是郑成功当年屯兵鼓浪屿的地方。大岩石上有著名抗日名将蔡廷锴将军为民族英雄郑成功所作的题刻："心存只手补天工，八闽屯兵今古同。当年故垒依然在，日光岩下忆英雄。"

也许有人会纳闷，郑成功当年屯兵之处为什么叫龙头山寨？难道这个小岛和龙有啥渊源不成？确实，鼓浪屿先前被称为五龙屿，岛有五座山——笔架山、兆和山、骆驼山、旗尾山和升旗山，整体形状恰似五龙戏珠，这颗珠就是日光岩。

龙头山寨寨门 / 曾志宏 摄

厦门有不少郑成功练兵的遗址，比如厦门大学鲁迅纪念馆前的大操场，是郑成功当年练兵的演武场遗址；厦大群贤楼的地方原有一个演武亭，是郑成功集合士兵每天操练检阅的地方……因此厦门流传着大量有关他的人生历程和光辉事迹的民间故事和传说。厦门有12条因郑成功而命名的道路：成功大道、延平路、演武路、古营路、外校场……日光岩景区内的郑成功纪念馆，则是对他光辉生平

中秋博饼塑像／曾志宏 摄

的一种记录。说起来，鼓浪屿现归属厦门思明区，"思明"一名正是来自郑成功：郑成功当年因为思念明朝，给厦门取名"思明州"，并一直沿用下来。

可惜龙头山寨现仅存留东侧寨墙一段及石砌的寨门一座。寨门内崖壁上留有多处当年建寨时凿岩搭椽架梁的梁孔，凿孔作"人"字形排列，或依山岩地势作直线排列。岩石上的老榕树，则已枝壮叶繁，翠条摇曳，披拂的气根深深扎入了岩缝里。山腰平台上有一组雕塑，是当年郑成功将士们中秋博饼的场面，据说厦门中秋盛行的"博饼"习俗便起源于此。

1644 年，大明王朝走到穷途末路，郑家父子拥立隆武政权，很快郑芝龙又投降清朝，郑成功带着一支部队退守金门，隆武帝被清军擒杀，郑成功母亲因抵抗清军自杀而死。国仇家恨，让郑成功烧掉儒冠儒服，发誓终生抗清。1646 年，郑成功在东南沿海起兵。南明永历元年，也就是清顺治四年（1647 年），郑成功将厦门开辟为抗清复台的基地，延平王是南明永历帝敕封郑成功的爵位。"闽海雄风"四字雄浑的摩崖石刻下，就是水操台遗址，正对如今鼓浪屿龙头街至永春路一带，海水涨潮时，战船可直驶进来，郑成功当年就伫立于此，手持令旗，操练水兵。从最初时日艰难，带领几条船、两三百兵士在南澳、海澄、鼓浪屿一带游弋，到 1650 年占据厦门，势力日渐壮大。水操台上兵操痕迹依旧，石头修造而成的古寨门向世人缓缓诉说延平时代的鼓浪屿，诉说着这位民族英雄为保国卫土在此厉兵秣马。我仿佛看到了当年那些将士肃穆和沾满硝烟的面孔，看到了翻滚的浓烟和大火；仿佛听到了撼动海浪的喊杀声和军舰大炮的声音，海涛声声如擂鼓；仿佛闻到了物体被焚烧的焦煳味和浓浓的血腥味……

一阵说笑声打断了我的沉思，是外地的游客陆陆续续地进来了，所谓"不到日光岩，不算到厦门"，对于初来乍到的游客，日光岩是必须打卡的首选之地。我遵循指示牌的指引，登上日光岩，在百米高台极目远眺，每一个角度都美得让人震惊。高台上不只可俯瞰整个鼓浪屿，看那红屋顶绿树丛，还有成片的草地互相掩映，可远眺厦门岛以及周边的海岸线，浅蓝色的天空和深蓝色的海连成一片，那是九龙江入口，日夜川流不息。今天的鼓浪屿，花香鸟语、琴声美宅，还有众多充满了文艺范儿的食铺和商店，是人们享受静时光、慢生活的绝佳之地，不仅是"海上花园"，还拥有"钢琴之岛""音乐之乡"的美名，难以想象这里曾是杀声震天的战场。当年郑成功和清政府、荷兰开打，从海洋霸主荷兰的手中把台湾收复回来的同时，还对抗着彼时世界上数一数二的陆地霸权，他的贡献不仅限于此。21世纪是全球化的时代，这个全球化缘起于16世纪的大航海。郑成功父子在大航海时代即代表中国积极参与，且在海洋贸易与维护中国的海权方面有着不俗的表现，他在中华文明史上写下特立独行的一笔。我们今天完全可以在英雄郑成功身上挖掘出另一层的文化价值——海洋英雄。随着郑氏海上力量的消失，西方资本主义也进入一个快速发展的时代，而曾经扼杀海洋文明的清廷，无论如何也不会想到一场由海洋文明带来的浩劫，正气势汹汹地奔袭而来。厦门作为首当其冲的城市之一，再次经受了狂风暴雨般的肆虐。

游客渐渐多了起来，我走下山寨，走出日光岩，准备搭渡轮回家。石墙石巷边，总有一树繁花，或一丛深绿，出其不意地抖亮在你眼前，特别是三角梅，开得像一簇簇火红的焰火。忽然前方地面上散落几粒熟透的杨桃，抬头一看，果然路边立着两棵很老的杨桃树，几只青涩的杨桃悠悠荡荡吊在枝头，一如邻家的几个小女孩在窃窃私语。此时，爬满藤蔓的二楼窗口飞迸出一连串琴音,在榕树的气根间徘徊,久久不散。鼓浪屿是那么袖珍,但它的历史底蕴又那么深厚,中西文化在此深度碰撞交汇,静谧小巷中藏匿着多少历史秘密,一栋栋老建筑倾诉着这座海岛的前世今生。

越靠近海边,海风越大,吹乱了我的头发,已不知道是我迎着风,还是风迎着我。几只白鹭在海上飞翔,我转身遥望右手边那 15.7 米高的郑成功塑像。塑像面朝波澜壮阔的大海,身披盔甲,手按宝剑,形象挺拔刚劲,气势雄伟,与海中的剑石、印斗石鼎足而立。厦门本地有个传说,郑成功塑像能镇台风,台风一见厦门就绕道而走,这个传说蕴涵着本地老百姓对民族英雄郑成功的敬仰。回想 1662 年 1 月的那场战役,郑成功军队的 28 门大炮同时开火,两个小时发射了 2500 发炮弹,弄得荷兰军队无处藏身,只好挂出白旗投降,于 2 月 1 日签署了投降书。被荷兰者侵占 38 年的台湾,终于回到了祖国怀抱。可就在三个月后,郑成功积劳成疾,病逝于台湾,时午仅 39 岁,留下了崇高的爱国精神和收复台湾的辉煌业绩,光照千秋。我不由想起巴金在《月夜》里写的:"望着这星,望着这海,我不禁想起日光岩下的美丽的岛上风光了,我不用往事这个带感伤性的字眼。不止一次,我在日光岩下的岛上看过这七颗永不会坠落的星,看过和这海相似的海。"那些立下丰功伟绩的古人,浩然之气永远长存。一如天上永不会坠落的繁星,默默俯视庇佑着人世间。

岛对面,鹭江道旁,这座海边的美丽城市和往常一样,车水马龙,行人川流不息。我不禁再次感叹厦门今日的和平幸福,是多少先辈和将士用热血换来的!

历史应该被铭记。

閩安巡檢司城

闽安巡检司城（又称闽安古镇）位于福州马尾区亭江镇闽安村。隋朝于闽安设镇，取"安镇闽疆"之意。唐朝设闽安巡检司衙门，历代沿袭。唐代以前的闽安古镇，就是闽海进入闽江的第一要地。唐代福州观察使陈岩，为拱卫省会城垣，抗御蛮夷，巩固海疆，构建闽安古镇高山兵寨城堡烟墩，周边布满兵营。宋代闽安设立监镇卫，闽安镇古代一直位列福建四大名镇之首，直至清末。

明代时期闽安古镇作为福州抗倭重镇，明洪武二十年（1387年），为建立福建沿海的军事防御体系，周德兴率部在原宋代闽安古镇的基础上，重建闽安巡检司城。清顺治十五年（1658年），福建总督范承谟重建闽安城，城墙以毛石砌筑，又称石头城。同时建立闽安总兵府，成立中国第一支水师，称福建闽安水师。清廷在闽安巡检司城的石头城北面建造军港码头，增设28处炮台，在城内建造闽安协台衙门、游击署、水师校场与演武厅、营兵房等军事设施。至此，闽安巡检司城的规模完备，成为清代闽安水师拱卫福州、保卫台湾的重要城堡与军事基地。

闽安作为福建闽江口岸的军事重镇，留存下大量的军事遗存，包括巡检司衙门、福建戍台将士墓群、迥龙桥、闽安古城墙等。闽安古城墙现仅余城隍庙顶城堡周边的局部。除闽安古城墙外，其他军事防御遗存均保存较完整。近年来，在马尾政府的支持下修复了协台衙门、闽安水师左右营、戍台将士墓群、迥龙桥、天后宫、闽安炮台、闽安古港、闽安古城墙、清军旗人营兵房等文物古迹，闽安的文物保护单位有51处。2010年，闽安村被公布为中国历史文化名村。

链 接：

闽安协台衙门，位于福州市马尾区亭江镇闽安村。清初以巡检司旧址扩建协署，是闽台军事防卫指挥机关。台湾隶属福建管辖后，闽安协台衙门负责戍台军队调配等防务，统辖福建沿海和台澎金马列岛长达200多年。建筑由门楼、仪门、正厅和后堂组成。是我国重要的涉台文物。

闽安：铁质一样的古镇

简福海

迴龙桥 / 薛秀娟 摄

出福州城，沿闽江流向，往东，再往东，与河流一起寻找入海口。

确切说是要去见一个叫闽安的古镇。古人法度严谨，对一人一地命名尤为讲究，从这两个字里，望文生义就可大致了解蕴含的殊深之意。"两山如门，一水如线，而闽安镇绾其口"，明代董应举三言两语就将"闽赖其安"的地理优势交代清楚。

一条河的行走，画出的总是弯弯曲曲、宽宽窄窄的轨迹。一截河段的大收缩，有时就是大铺展，譬如闽江下游末段，就把自己的力量迸发于最紧要的关节处，而后义无反顾地冲决入海，扯开一片更为广阔的历史舞台。作为附带的意义，河边毗连的群山寸土便有了"安镇闽疆"的至高地位，有了兵家必争的万千荣宠，有了这座千年古镇的发轫兴衰。

203

闽安古镇/陈霖 摄

石坚如铁

史料言之凿凿的是：宋朝开始，闽安列福建沿海四大名镇之首。其实，从唐代中期以来，这个集镇就已繁华耀目。背后的推动力来自巡检司的设立，那是公元893年的事了，从这年开始，闽安成为闽江口一带的行政中心，监纳商税、维护治安、行政管理，一样不落，不繁荣都不行。到了宋朝，甚至坐上了四大古镇的头把交椅，此时的诗吟词唱流泻出的亦是钟鼓齐鸣的铿锵和浮华璀璨的繁盛，如闽安镇官赵与滂在龙门摩崖抒曲壮怀，诗刻"粘天三级桃源浪，平地一声雷震时"；南宋进士郑昭先也写下"鳌顶峰高障海流，天开胜概冠南洲"的豪迈诗句。到了清朝，内忧外患，诗文的主题又偏转至江山社稷，林则徐在五虎门发出"天险设虎门，大炮森相向……唇亡恐齿寒，闽安孰保障"的叩问。闽安贤达林述庆诗吟"腊酒香中觅故居，前尘回首梦何如"，"大好前程换战尘，六朝风月伴吟身"，在乡愁如丝如缕之外，更多的是胸怀锦绣济天下、心含壮志报家国的豪情万丈。

笔触无法抵达的地方，一些具物能以春秋笔法书写历史章节。比如那座具有铁石之坚的迥龙桥，就可驮你回到唐朝。公元901年，王审知现场办公，大手一挥，历经三年，长虹卧波。及至南宋嘉熙年间，暮年归田的郑性之捐资修葺迥龙桥，竣工后从"飞架古桥为那般，盖世恩德终当报"各拎首字，将须手书"飞盖桥"，末了，还在左右两侧书写两串文字以示爵名，字体庄正，格调高迈，缓慢移动的笔锋灵韵饱蘸一位白发老人行善积德时那份隐秘的快慰。"桥虽经历代修葺，但墩梁栏柱等仍是唐代遗物，保持唐代建筑风韵。"同样是白纸黑字的记录，如此说来，郑性之修缮并非伤筋动骨的大动作，可能只是在迥龙桥的基础上做些桥面的修修补补和个别关键部位的完善加固。

此后，400多年的风吹雨打，桥又倾圮得不成样子了。清康熙十六年（1677

年），闽安镇副将化守登为修桥大大折腾了一番，并请人勒碑"沈公桥"。循着"沈"字，后人常将修桥的功劳谬记在闽安协镇沈河清头上。其实，碑上"惠德留思"字样提示此为"去思碑"，是化守登借一桥一碑表达对前一年刚刚遇害的沈阳人氏、福建总督范承谟的敬仰和缅怀。化守登有"西镇边口，东镇海口"之宏誉，却主动让名于前贤，从这点上说，他远比郑性之谦逊低调，忠义可嘉。

近年，不少研究者将目光转向海上丝绸之路的考释，辟海通津，牵丝弄瓷，这座沧桑的石桥及闽安古港、古渡作为海丝的史迹遗存，又抵达了另一种高度。当年，郑和远下西洋的部分船队，有六次驻泊闽安伺风出海。近水楼台，过江蛟龙般的闽安水军成为郑和西洋船队水手的重要补给，洋阔水深的五虎门下则成了船队放洋扬帆的不二良港。当年，樯橹上举，擎着属于它的高度，相对于

闽安古镇协台衙门／吴丽娜 摄

浩瀚无垠的大海长空，它是如此渺小，可闽安水军就是从这里挂帆启程，去寻找并拓宽一条叫"海丝"的路。

铁血丹心

与迴龙桥、古渡碑一样，固执地楔进历史深处的还有那些坚船利炮和刀光剑影。

宋代战乱频仍，环星拱卫闽安镇的是蟛蜞洋的登高寨、石龙山的龙台寨、乌猪岭的乌猪寨、白眉山的鹦哥寨、鼓岭的牛头寨，这些寨子各居险隘，互为犄角。闽安镇担惊受怕地窝在低处，想必不会忘记那白日燃烟、夜间点火的瞭望预警，不会忘记那吹角连营，烽火儿回。及至元代，防御工程升级，在田螺湾与金刚腿之间拉起了一条碗口粗的铁链，在磨轴车的推卷下收放自如，有警拉紧，铁索横江；无警放松，粗链沉底。

而在明代延续 200 多年的时间里，闽安成为抗倭的主战场，矗立在这段时光深处的是戚继光出生入死的伟岸身影及筑石垒就的四座寨城；此外，黎鹏举率师血战，以八战八捷的功绩换来了福州官绅在乌石山幞头岩上镌刻"黎公在，乌石在"的不灭记忆。

到了清代，郑成功抗清事迹也是班班可考的。那邢港与闽江交汇处突出闽江的转湾鼻，早已更名为"郑爷鼻"；他当年的停舟之处，被唤作"郑舟进"；当年饮马的宋代石槽，至今安放在协台衙门……这些后人眼中关于这位国姓爷的符号，证明他与闽安的深厚渊源及传奇故事。

郑成功运筹帷幄，将闽安作为抗清据点，屡战屡胜，版图不断扩大。历史存心要捉弄他，其间冒出了父亲郑芝龙拥兵不起、进京招安的事。因与父亲决裂这一变故，他的个人史纠结着国仇家恨，成了谜一样的复杂人物。回到史

实本身，当年清政府对郑成功痛恨有加无计可施之际，不得不祭出感情牌，让郑芝龙亲修家书劝降郑成功。郑成功展纸磨墨，信倒回得有情有义有理有据，但兜来兜去含糊其辞，令人捉摸不透其内心意图。其后，郑成功与清廷及父亲、弟弟之间又反复笺来信去，彼此进行着假情假意的演戏，平静的字行下全是黑暗中的较量，满蓄风雷。他倒也不是无视于父亲的血脉情缘和兄弟的冷暖安危，只因心中一团火，守着抗清誓言不灭，且有辎重丰足兵甲精锐的自信。

当然，最关键的是，他拥有了占据闽安要塞的筹码，那里有着隐含的威胁，能让对方惴惴不安，所以与清廷谈判时气场强大，满怀坐实江山的期待。事实

闽安古镇普庵楼 / 吴丽娜 摄

也证明，顺治十四年（1657年）闽安失守时，他只能眼睁睁地看着苦心创下的辉煌大业一路急转直下。这个人生拐点来得猝不及防。这年八月，他遣主力进攻浙江台州，只留下弱兵五千镇守闽安。福建陆路提督马得功瞅准时机，领七路兵马"水陆并进，昼夜攻击，连破七城，遂克闽安镇"，清史列传对此载述无遗。当郑成功掉转船头退向厦门港时，整个大清历史也就朝着另一个方向紧锣密鼓地进发了。

钢铁长城

好不容易才从郑成功手里抢来具有重要战略意义的闽安，马提督喜不自胜，但毕竟是一军之长，没被胜利冲昏头脑，反而深谋远虑。翌年，马得功就率部在闽安镇城废墟上大兴土石，高筑城墙，将防御点延展提前至城外的江边，让敌方力量无法瞬间冲击要害和卷入核心。

这项防御工程说大也大，说小也小，因石头就地取材，当地盛产花岗岩，纹理致密，色白如梨，坚硬胜铁，前面提到的迥龙桥用的也是这些石头，所以筑墙时能大大减省舟车远运、石垂不支的劳乏和掣肘。从他揭帖看，他对这堵铜墙铁壁还是比较看重和得意的。后来，这座石头城也没辜负马得功的美好初衷，在歼灭海盗、鸦片战争、马江海战等历次闽安保卫战中屡立战功。直到抗战号角吹响，城墙被拆除用来填塞闽江口，筑就水下长城，阻止日本军舰进犯福州，坚固的石头城墙才以这样的方式默默倒下，却又构成了另一种屹立，岿然不动。

写到这，不必那么着急绕过郑成功。抗清是郑成功不朽的功绩，他还有另一个被后人津津乐道的英雄事迹——收复台湾。沿海的人民，长年累月经历风吹浪打，注定是亮烈难犯，包括闽安人士在内的福建2.5万子弟积极响应他

的号召，乘数百舰船，渡海东征驱荷复台，结束荷兰侵占台湾 38 年的历史，功勋赫赫。

说到台湾，同治十三年（1874 年），沈葆桢也曾挥师跨过那湾海峡，临行前"裹革而归"誓言铮铮，他明白即将面对的是雌伏以待、气焰嚣张的日军。炮起烟飞，随之赴台的殉亡将士 135 名，骨灰入罐，归葬于闽安虎头山。这些来自各地的将士从马尾出发，将身体打造成最坚硬的金属，化为炮灰又何足惧？墓碑很小，横排纵列，字迹斑驳，但"闽侯""同安"等字样还是细睹可辨的。孤魂野魄，惶惶寂寂，曾经很长一段时间，疯长的荒草成为渲染苍凉的一个背景，路过的海风看不过眼，绕着义冢群呜咽悲鸣。现在，历史苏醒，万物起身，常有人前往凭吊。尘世隔绝的问候能否抵达逝者的世界，无从可知，但英雄身后泱泱世界里，阳光依然普照，人们敬仰目光如春大般和熙温暖，也许只有这样，他们的灵魂才能安息，我们的内心也才得以安宁。

柔软的江水包围的古镇，宛如一整块烙铁，当被战火烧热烧红，几近融化的时刻，突然又冷却凝固下来，冷却成街道纵横的繁华集镇，凝固成依山面海的平静村落。这里成了安居乐业之所，人们马放南山，铸剑为犁，一代代休养生息，安常得仿若一个梦境的定格。

浮云聚散中，生活于斯的子嗣后代，也像海水一样，时而从天边涌来，时而又向远处荡去。在历史的风云激荡中砥砺前行的闽安人，早已承袭祖先勇于开拓的基因和海洋辽阔动荡的性情，许多龙精虎猛的青年从这里相继离开，丢下一座又一座铺着白梨石的空房子，在清寂中默然打量自己的前世今生，拥抱着来此逃避喧嚣的心跳和探访古意的跫音。闽安，梦中的古镇，对于每一位在外打拼的游子而言，它注定是一场相思。

小岞巡检司城

小岞巡检司城位于惠安县小岞镇东山村。依照明初制度规定，凡天下关津要害之处，需设立巡检司。巡检司的作用主要是负责治安巡逻，盘查行人；巡缉食盐走私；缉捕盗贼；协同防御。明洪武二十年（1387年），江夏侯周德兴巡视福建沿海战备时，在惠安县海边设立4座隶属惠安县管辖的巡检司，包括獭窟巡检司、小岞巡检司、黄崎巡检司及峰尾巡检司。彼时，以永宁卫下属的崇武所城为核心，惠安县下属的4座巡检司城互为犄角，形成了完备的海防部署。

小岞巡检司城与其他3座巡检司城的规模与编制基本近似。城墙为乱石砌筑，呈弓形，周长约144丈，高约2丈，厚约1.2丈，铺舍8间。设南北二城门，城门之上建有门楼，城墙左侧还铺有宽敞的跑马道，城内建有供士兵休息的营房。

明洪武二十五年（1392年），小岞巡检司军户与福全千户所互调，人口发生了较大的迁徙。明末，郑芝龙、李魁奇、钟斌等攻袭东南沿海，横扫各地沿海卫所、巡检司，小岞巡检司的海防设置也名存实亡。

清顺治十八年（1661年），沿海实行"迁界"，小岞城成为废墟。"复界"后，居民才陆续重返家园，驻兵又重新防守小岞城，但原城墙城垣及城内建筑仍未得到妥善维修和复建。

小岞城现仅余北城门和两侧几十米城墙。北门形制保存完整，上世纪80年代曾维修过。城门高约3米，宽约2.4米，厚约1.85米。北城门内至今还保留一口方形古井，原为守城士兵取水之用。

🈸 小岞城之上

姚添丁

　　这些年，只要脚步一踏入惠安这片土地，我都要到小岞去看看；而只要一到了小岞，首选总要到东山古城走走，这已成为自己多年来挥之不去的情结。其实说来还真有点误打误撞的意思，我第一次知道小岞东山还是十几年前在泉州念书时，当时班里有几个惠安同学，放假时跟着他们到惠安游玩，偶然机缘就走到了小岞东山，听当地人介绍这座城有600多年历史，原本是为防御倭寇袭扰而修建。如今时间一晃十几年过去，昔日的我们已经从青涩无知步入沧桑

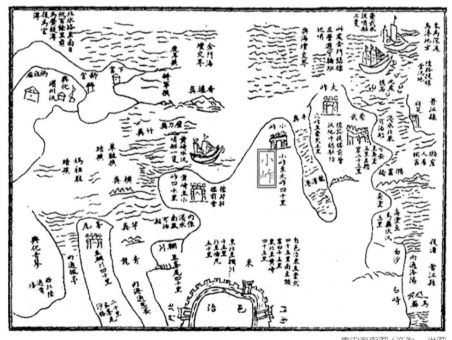

惠安海舆图 / 许为一 供图

215

城墙/唐宝玲 摄

中年，脸上自然雕刻出生命皱纹和岁月印记，然而小岞城却始终选择顽强挺立存在，仿佛一刻不停地重复讲述着当年有过的风光豪迈。如此日复一日，如此年复一年，骄傲地和时光顽强对峙着，和历史相互印证着，和生命自信比画着，这该需要一种什么样的独特生命姿态和强大精神力量来支撑维系呢？

我喜欢一个人静静徘徊于小岞城之上，透过眼前坚硬如初的古老砖块，听着耳边呼啸而过的丝丝海风，依稀能够重回当年那个热火朝天的壮观场面。明洪武二十年（1387年），明太祖朱元璋委派江夏侯周德兴巡视东南沿海，周德兴根据泉州沿海海岸线曲折、地形险要的特点，乃"一郡者设所，连郡者设卫"，泉州沿海遂设永宁卫管辖五个所（福全、中左、金门、高浦、崇武），惠安遂设立五座城（崇武城、獭窟城、小岞城、黄崎城、峰尾城）。而据《明史》记载："居无何，帝谓德兴：'福建功未竟，卿虽老，尚勉为朕行。'德兴至闽，按籍佥练，得民兵十万余人。相视要害，筑城一十六，置巡司四十有五，防海之策始备。"我们完全可以想象当年军民齐心协力共筑东山卫城的情形，一块块砖头从手中传过，一担担泥浆从肩头扛起，当年整齐和谐的嘹亮号子响彻天宇，足以凝聚人心足以震慑倭寇，这是勤劳纯朴的小岞先人们向自然表达的激情声音，更是勇敢坚强的小岞先人们对外来入侵者的厉声呵斥，这样的历史声音竟还能穿过遥远的时空，终于如期传到我们今人耳里，依然还是可以这般清晰强硬，依然还是能够这样激动人心！

古井／占冀源 摄

穿过古老城墙，随即就能看见那口传说中的老古井，当年建造城堡者考虑到驻地饮水问题，便发动兵士和小岞村民共同开挖这口古井。古井穿越无数漫长时光岁月依然保存完好，仍然忠于职守挺立于世人面前，默默诉说当年军民合力抗倭的壮举，静静享受着无数后人们发自内心的虔诚膜拜。我每次都要花上很长时间靠在古井边，轻轻反复抚摸古井口斑斑陈迹，用心丈量古井的内涵深度和历史宽度，600多年的斑斓时光，600多年的风吹雨打，600多年的不变初衷。这口古井真实记录了小岞曾经的一切，同时也慷慨无私地养育滋润着无数后人，可以想象有过多少小岞后人饮用过这古井水，一年接一年，一代接一代，生命总在不停流逝，面孔总在不断变化，唯一不变的就是这口古井深处蕴藏的故事记忆，沧桑故事永远保留住根和源。我相信人们常说"饮水思源""吃水勿忘掘井人"，其要义精华就在于此吧。

每一次身处小岞城，我都会很自然想到周德兴是这座城永远绕不开的人物，作为早年就追随朱元璋起义到建立明朝、历经百战建功无数的显赫人物，当年正是他带领兵士与百姓联合构筑起道道沿海防线。然而今天我们听得最多的却是周德兴在泉州背负着的千古恶名，历史故事中就讲到周德兴曾经破坏泉州十八处"天子地"。不过话又说回来，周德兴作为军事工程专家，为福

建海防建设而来，为明代沿海抵抗倭寇做了充分军事战略准备，这些历史事实都应该得到后人客观公正对待。所谓担当生前事，奈何身后评，我总在想，江夏侯周德兴、泉州沿海和小岞城三者之间难道就该注定是一捆反复缠绕的历史线团？这捆线团到底是该理解为历史真相的沉重呢，还是现实解读的牵强误会呢？我想小岞城给不了我所期望的真正答案，抑或答案已消失模糊在小岞城的岁月时空中。幸运的是，我们还能够时不时偶尔亲自触碰到沧桑的城墙和咸咸的海风。

今天的人们真正读懂了小岞城护住的何止是一方百姓的安宁静谧，也是小岞人祖祖辈辈繁衍生息的生动轨迹，更是小岞跌宕起伏的伟大抗倭壮举。我们之所以会情不自禁被它吸引过来，愿意为之长久驻足，愿意为之震撼动容，正是那六百多年漫长历史岁月的无穷魅力，也是今天的我们应该自觉肩负起的历史担当。每回看到世代居住在这里的人们那平静如水的生活姿态，依稀还是能够联想到先辈们义无反顾捍卫家园的顽强坚守。时间总在流逝，空间总在变化，历史总在抒写，唯一不变的是小岞人那涌动的历史脉搏和淳朴的文化基因，前面六百年已然凝固成历史记忆，定然还会再有一个、两个、三个……无数个的六百年历史记录，继续不停丰富古城的璀璨，继承古城的辉煌，描绘古城的华章。

镇村城堡

柘荣双城城堡

福鼎

福鼎玉塘城堡

福安

福鼎激城城堡

福安廉村城堡

福鼎石兰城堡

霞浦

霞浦八堡城堡

霞浦传胪城堡

福州

漳州

厦门

漳浦诒安堡

漳浦赵家堡

柘荣双城城堡

柘荣双城城堡位于宁德市柘荣县双城镇龙溪上游东北侧和下游西南侧，俗称"上城"和"下城"，合称"双城"。两城隔溪相望，相距仅约百米，形成互为倚靠的军事防御格局。

下城，位于龙溪下游西南侧，旧称"柘洋堡"，也称"柘洋巡检司城"或"柳城"。元至正二十一年（1361年），柘荣一带兵匪倭寇之乱日炽，明朝开国功臣袁天禄举全民之力建造了柘洋堡。这是闽东历史上的第一座石城堡。城墙以河卵石垒砌而成，初建之时，周长840丈，高1.5丈，厚1.7丈，上有跑马道和女儿墙。东南西北四面分别设置5座城门，其中纳福门加砌瓮城。明嘉靖十二年（1533年），柘洋巡检何钿率领民众重修并请州官书题城门匾额。

柘洋堡城墙现仅存城堡东面沿溪两段残墙，总长约226米，南边一段残墙长53米，北边一段长约173米。

上城，位于龙溪上游东北侧，也称"东安新堡"或"龙城"。嘉靖三十八年（1559年），由军门刘焘、分巡舒春芳奉命拨官银100两，率领当地居民修筑。城堡城墙与柘洋堡的构造相同，以毛石和河卵石垒砌而成。初建之时，城墙周长约276.8丈，高1.3丈，基厚1.4丈，城墙之上设置雉堞和垛口。设置东南西北4座城门。

现存城墙包括三段：一段是西门右侧局部城墙，残墙长约377.6米；另一段是东门南侧至南门东侧的城墙，城墙长约129.6米；第三段是南门（含南门）往西至蔡瑞满屠墙的城墙，长约18.5米。三段总长525.7米。

2009年，柘荣双城城堡被列入省级文物保护单位。

链　接：

闽东沿海抗倭民堡：明代正统年间，沿海官方海防体系几近废弛，闽东沿海乡镇、县城饱受倭患。为抵御倭寇入侵，闽东沿海乡镇开始自发建筑土堡自卫，有秦屿堡、闾峡堡和柘洋堡等。到嘉靖年间，闽东沿海乡镇相继建造了几十座民堡。

袁天禄和双城城堡

唐 颐

　　柘荣县拥有闽东地区最早建造的石城堡，这也是柘荣县城又称"双城"的缘由。如今，600多年过去，古城堡全貌已不复存，仅留几段残存的遗址。但残断的城墙仍然那么刚健硬朗，如一条巨龙的脊梁，盘桓在清澈的龙溪畔，而两株生长在东城门口的百年老松树，犹如龙头的两只犄角，直指青天，仿佛向后人昭示着那段不寻常的历史。

　　1998年5月，柘荣县政府在遗址前立碑保护，碑文曰："下城原名柘洋城堡，又称柳城。始建于元至正二十一年（1361年），系明开国功臣袁天禄为保境

上城东北侧／陈开秀 摄

安民率众创筑……"碑义浓缩了这座古城堡的沧桑历史，当你伫立在青苔斑驳的城墙前，默读这段碑文时，你似乎可以想象得出当年城堡的恢宏气势，体验得到当年创城过程中的壮阔场面。毫无疑问，没有袁天禄就没有柘荣古城堡。

袁天禄出生于元至顺二年（1331 年），字礼文，号东山，在兄弟五人中排行老四，自幼聪明过人。曾从名士黄宽读书，六七岁时就能写出《咏竹》诗："写竹两琅玕，移来茅屋间。八风吹不动，一任雪霜寒。"被视为神童。年轻时以身材魁梧、文武双全而知名。16 岁那年为福宁州长官王伯颜所赏识，被收为部下以待重用。23 岁被授予主簿巡检，派他训练"义兵"。袁天禄果然不负所望，将进犯州城的黄善起义军击败。之后，他的义兵成为保护州境安全的主要军事力量。"集乡人，练团勇，灭匪奸，保家乡"，他逐渐成为闽东地区地方势力的主要领导者。他的成功也得到元朝廷的嘉许，先后被授予福宁州

上城一侧 / 魏高鹏 摄

主簿、同知、州尹和福州路同知。

元末是一个阶级矛盾激化的年代，各地社会动荡，而当时，元王朝为了稳定局势，激励战将做最后努力。至正十九年（1359 年）十一月至十二月间，袁天禄被迅速提拔为中顺大夫、福建行省参政、福建义兵征行元帅、行省左丞等职位，并赐"金牌"。但元朝的官职并不是袁天禄行动的动力，他的初衷是保境安民，这正是袁天禄的可贵之处。早在此年三月，朱元璋挥师浙东诸郡，势如破竹，江山渐趋一统，袁天禄遂与兄弟部属商议归附一事。有人劝他独树一帜，割据一方，袁天禄说："若汝所言，毋乃诲我以不忠，而陷我于无君之罪乎？殊不知我之日夜营为，正欲保境以安民已也！深愧疏昧，不足以全民之生，况可召衅以速民之死乎？"袁天禄毅然做出选择：停止战争，弃元而归顺朱元璋。

朱元璋对袁天禄的归顺大加赞赏，赐书褒誉。至正二十八年（1368年），朱元璋称帝，兵分两路进攻福建。西路从浦城直攻南平，一路烽火硝烟。而东路因闽东已归降，所以从宁波水路南下直取福州。闽东这块土地从而免遭兵火涂炭，平安度过了这一动荡时期。袁天禄一生最大的功绩，莫过于归顺朱元璋一事。这是政治家的眼光问题，而胸襟的大小又决定眼光的长短。在这个有决定意义的历史节点上，袁天禄思考问题的出发点是站在民众的立场，所以他赢得了历史的正面评价。

元末明初，社会极不安稳，为了保境安民，至正二十一年（1361年）十月，袁天禄征调8个都的社民，在柘荣柳营建造闽东第一座石城堡。据《袁左丞传》记述："袁左丞严命各社，务必在限期内竣工，胆敢违抗拖延者，严惩不恕。其砌造泥石，遇桥亭道路不毁，若古庙茔冢有石，咸皆毁拆搬运，虽各有主，谁敢阻拦？"此记述虽寥寥数语，而一位横刀立马、叱咤风云、杀伐决断、威武干练的将军形象跃然纸上。城堡于次年冬竣工，历时一年有余。今天看来，如此巨大工程，施工时间之短，设计之好，质量之高，堪称奇迹！

至正二十七年（1367年）正月，朱元璋召见袁天禄，授予他江西行省参政的官职。不幸的是，袁天禄到集庆就病倒了，无法前往就任。朱元璋十分看重他，先后三次派国医给他治疗，但病情仍未好转。同年十一月十六日，一代英杰袁天禄在集庆去世，年仅37岁。其妻郑氏夫人扶榇归故里安葬。

今天的柘荣人民和袁氏后人念念不忘袁天禄的历史功绩，袁天禄的墓被整修一新，建起了颇具规模的袁天禄陵园，修缮了东山袁公祠，它们和袁天禄故居一道，成为柘荣独特的文化景观。笔者曾在袁公祠看到现存南京大学图书馆的《皇明开国功臣录》复印本。该书是明成化甲子年刊本，计16册31卷，共记录明开国功臣593人，第26卷载袁天禄名，列第316位。

袁天禄举全民之力建成的城堡，当时为避免民众遭受乱世兵匪之患发挥了重要作用。而100多年后的嘉靖年间，这位高人具有历史穿透力的眼光再次得到展现和验证。

明嘉靖二十八年（1559年），倭寇入侵柘荣境内最南端的桃坑寨，守寨兵众顽强抵抗，终因敌众我寡被攻陷，11位勇士殉难。倭寇气焰更加嚣张，直逼柘洋城，并占据城外小山头仙屿庙，居高临下，鸟瞰城中动态，妄图攻占城堡。在这紧急关头，袁天禄的后裔、人称"小诸葛"的袁桔挺身而出，担起了抗倭保境安民的重任。

从八月初一开始，倭寇攻城12日，袁桔率众除按既定战术坚守城堡外，还出城夜袭敌巢。当倭寇深夜逃遁时，袁桔率众尾追10里地，活捉倭寇10余名。庆功之日，袁桔欣喜吟诗："祖公御乱筑斯城，喜得儿孙继世兴。数战倭奴皆血刃，满城齐唱凯歌声。"柘洋石城堡为福宁州西北大门竖立了坚固屏障，也正因为此，嘉靖己未年（1559年），军门刘焘和分巡舒春芳下拨官银100两，命再筑东安新堡，这便是今天的上城。另据《福宁府志》卷五地理志载："东安新堡，洪武年（1368—1398年）筑。"如果据此推断，此时应是重修。柘洋城堡称下城，东安城堡称上城。这便是柘荣"双城"的由来。

柘洋石城堡的不朽功勋，大大激励了闽东人民抗倭的斗志，之后沿海地区纷纷仿效修建了57座城堡。如果把这些古城堡串联起来，当年就如一条盘山镇海的巨龙，构筑起闽东海疆的千里长城。

如今，站在古城堡前，凭吊一代英豪，盛赞其丰功伟业之时，更应慨叹当年创城之悲壮。有民间故事传说，袁天禄建石城堡时，因工程浩大劳民伤财而引起民怨，东狮山上的马仙在袁最困难的时候，用拂尘施法，在东狮山上赶下一批按城墙的尺寸锯好的石头，按时建好城堡。如今，马仙取石料的地方，则形成了东狮山"仙人锯板"的景观。这传说，也可说明当年工程之巨大以及筑堡的艰辛。而同时期流传下来的东山筑城歌谣，今读之，似乎有孟姜女哭长

下城西南侧／陈开秀 摄

上城城墙／魏高鹏 摄

上城东北侧第一党小组会址／陈开秀 摄

城的悲苦愁怨之音："袁公袁公诚儿嬉，东山之下筑城池。掘人冢石垒墙堑，用民田土开营基……社夫愁恨家无室，民夫痛叹家分离。宫庙神灵无托处，坟茔鬼魄尽伤悲……"

历史总是深厚又复杂的，也正因为如此，才充满无穷魅力。袁天禄与古城堡作为一段历史见证，重要的是后人能够从中获得崭新的启示。现在当然不需要也不可能再造一个有形的石城堡，但是构筑一个内心的精神城堡却是必要的。当前柘荣正致力于构筑"福建药城"和"长寿养生城"，这是新的"创城"建设，也是造福桑梓的千秋伟业，依靠的正是袁天禄当年创城的不世豪情和万民同心、众志成城。

福安廉村城堡

廉村城堡位于宁德市福安市溪潭镇廉村，原名"石矶津"，是穆阳溪上游的重要码头。唐朝进士薛令之出生于此，因唐肃宗嘉褒其为官清廉，御赐"廉村"之名，沿用至今。明正统以降，为抵御倭寇入侵，经戚继光奏请朝廷批准，闽东沿海乡镇相继建造了几十座抗倭城堡，廉村堡即为其中之一，且是该批次建成的城堡中最靠近内陆的，为世居廉村的陈姓族人于明嘉靖三十九年（1560年）集资所建。

城堡坐落于穆阳溪西岸，平面略呈椭圆形，南北长约450米，东西宽约300米，面积约11万平方米，周长约1200米。明官府曾在廉村堡内置巡检防卫，以加强地方防御。

现存城墙较为完整，仅东北、西南两端约100多米被民国时期洪水所冲垮。城墙因地势和防御主次方向而呈高低宽窄不一，东边的城墙最高处达7—8米，而西边的城墙根宽约4米，顶宽约2米，残高仅约3米。城墙外壁就地取材，均用河卵石包砌，内为夯土，壕沟均为块石叠建。西边城墙上有古石碑一块，大字深镌朱熹手书"癸水"二字。

廉村城堡共有6个门，东、西面各3个，现仅德兴门和葫芦门还留存原始名称，其余4门原名皆无从考证。其中临溪的德兴门在廉村的日常生活中有重要地位，凡是廉村与外村有婚嫁喜事，都须从德兴门出入。

除此之外，廉村内古祠、古井、古码头保存完好，卵石官道街巷曲折绵延，26栋明清建筑错落连檐，闽东地域建筑风格显著，是研究闽东历史建筑、传统村落和抗倭城堡的优秀实例。

廉村于2008年入选第四批中国历史文化名村名录，2012年入选第一批中国传统村落名录。廉村城堡于2013年被列入第八批省级文物保护单位。

🔖 走进廉村

陈曼山

最初吸引我走进廉村的是那位"文破八闽之荒"的"开闽第一进士"薛令之。

当年载着薛令之的小船从村口的码头缓缓驶向他的仕途时，他身后的这个村庄还唤作"石矶津"。唐神龙二年，即公元706年，薛令之北上长安应试及第，官至右补阙、太子侍讲。当时宰相李林甫弄权，东宫受冷遇，薛令之有感于此，题诗自嘲，却触怒唐玄宗，因此托病辞归。而后唐玄宗听闻其家贫，令当时的长溪县每年拨给其赋粮，但薛令之也只是酌量领取，从不多拿。后来他的学生唐肃宗李亨即位，感其旧德，念其清廉，下旨召他入朝，可此时薛令之已然去世。唐肃宗嘉叹之余，敕封他所居之村为"廉村"，所傍之水为"廉水"。自古皇帝赐名应是不少，但赐一村以"廉"名，实属罕见。

今天我们走近廉村，走进明正德八年（1513年）为纪念薛令之而建的明月祠，还能读到薛令之当年勤苦用功的情形："草堂栖在灵山谷，勤苦诗书向灯烛。柴门半掩寂无人，惟有白云相伴宿。"（《灵岩寺》）"……男儿立志需稽古，莫厌灯前读书苦。自古公侯未遇时，萧条长闭山中户。"（《草堂吟》）优美的环境孕育了他高雅的志趣，寂静的草堂涌动着诗人欲步青云的豪情。"托荫生枫庭，曾惊破胆人。头昂朝圣主，心正效忠臣。节义归城下，奸雄遁海滨。纶言为草芥，臣谓国家珍。"（《屈轶草》）此为人臣之后的八句，又让我们看到了薛令之那颗忠君为国的拳拳之心。如今，明月祠门前广场上矗立着的那块大石上刻着的"廉"字，正向着熙来攘往的游人们平静地叙述着薛令之的故事，也叙述着千百年来历史对廉村的赞誉。

自薛令之始，廉村文风大炽。唐末，太邱陈姓从河南归德迁居入闽。后唐时，其子孙从连江迁居廉村。此后，陈姓子孙繁衍，蔚成一方大族。从宋大观三年（1109年）至宝祐六年（1258年）的前后150年中，连续出现17位进士，平均每十年就有一人进士及第。宋代，廉村考中进士者，占了全县的五分之一。尤其值得一提的是，陈雄一门五进士，父子兄弟俱登金榜，这在历史上是极其少见的。如今，走进清代于原址上重建的"五

廉村全景／陈秀容 摄

进士"宅邸，我们仍能感受到其浓浓的传统义儒之风。从外大门的灰塑匾额"就日瞻云"，到内大门的匾额"古处是敦"，再到其对面照壁栋檐下的灰塑横匾"倬汉章天"，字字珠玑，意味隽永。厅堂立柱与大门廊柱亦皆悬挂楹联，太师壁两侧进宫柱上悬挂的一副楹联"父言慈子言孝职分当尽，书可读田可耕世业攸存"，更是传统伦理和耕读文化的集中体现。

连接起错落有致的古宅的，是一条条宋代风格的古官道。官道由一条或三条修光的条石铺就，在条石之间铺满鹅卵石。由三条条石铺就的称作"太傅道"，一条条石铺就的唤作"官禄道"。铺就的鹅卵石或呈八卦形或呈麦穗状，寓意风调雨顺、五谷丰登。今天，当我们的足音敲响在这纵横交错的古官道上时，只觉耳畔又响起了历史的回音，这回音里，有薛令之们抑扬顿挫的读书声，有进士们回乡时乡邻们夹道而迎的欢呼声，还有萦绕在每一个村民心中关于爱国、关于廉洁的代代相传的教诲之声。

先辈的教诲于廉村，无处不在。修建于明嘉靖三十九年（1560 年）的廉

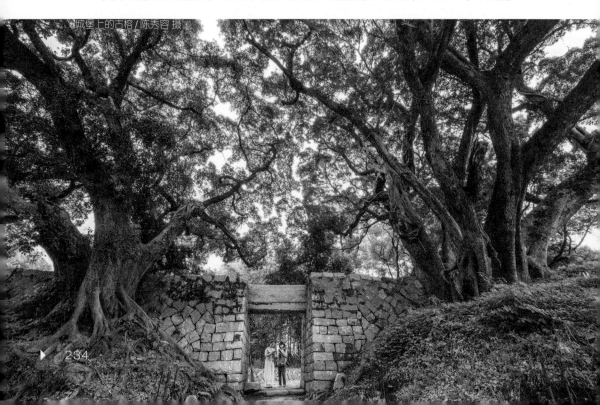
城堡上的古榕/陈秀容 摄

廉村古宅古道 / 许少华 摄

村古城堡，在发挥它抗击倭寇和防洪功用的同时，仍不忘教化。上一年十一月十八日、二十日，倭寇两次劫掠廉村，为确保村民安宁，该村集体合议筑土堡以抵御倭寇。环村而筑的古堡城墙略呈椭圆形，城墙靠河岸立有一石碑，上刻"癸水"二字，相传为朱熹所书。宋范成大《桂海虞衡志·杂志》有云："癸水，桂林有古记，父老传诵之，略曰：'癸水绕东城，永不见刀兵。'癸水，漓江也。"不论此说是否讹传，都寄托着廉村人期盼远离战乱、过上平安生活的美好愿望，也寄托着廉村人崇尚文儒教化的风气。古城堡原有八座门，分别名曰仁、义、礼、智、信、忠、孝、廉。此八字之教化功用不言而喻，而"廉门"又正对着廉村的古码头，无疑，这正是为了告诫从这里走出去的廉村士子们，不忘清正廉洁，不忘祖先遗训。

由块石叠砌而成的古码头斜斜探入水中，仿佛是廉村连接世界的时光通道。清清的廉水静静地流淌，仿佛所有的历史都与她无关。也是，荣耀也好，沉寂也罢，廉水始终保持着她应有的姿态，从过去流来，向未来流去，波澜不惊，从容不迫。

二月的廉村，已充满春的气息，召唤着我又一次踏上了这块已是无比熟悉的土地。沿着长长的古城墙脚，我缓步走着，抚摸着几百年前已砌入墙体的河卵石，想象着一千多年前廉村里的男耕女织和袅袅炊烟。我的眼前又一次出现了薛令之背着行囊乘舟离去的身影，耳畔又一次响起了灵谷草堂里的朗朗书声。坐在廉水岸边我熟悉的古码头客栈茶座，要了一壶茶。我把目光投向远处，看到与古城墙一水之隔的对岸，油菜花已是星星点点地开放，三三两两的游人举着相机手机不停拍着，似是与花相见恨晚。我知道，他们是想拍下这春天的景致，想在他们的朋友圈里秀出廉村的美丽。是啊，拿这道长长的古城墙作为背景，晒出这样的照片，一定会收获更多朋友的点赞吧。

霞浦传胪城堡

传胪城堡位于宁德市霞浦县长春镇传胪村，始建于明嘉靖三十四年（1555年），是明嘉靖年间经戚继光禀奏朝廷后获准建造的闽东沿海57座抗倭城堡之一。相传为乡贤林遂（明正德九年进士，官至行省参政）在外为官20余年之后告老还乡耗巨资牵头修建。明朝廷为表彰其建堡义举，恩赐其家乡"皇明方伯里"之名并立碑纪念。

　　城堡重修于明万历年间。现存城堡平面呈正方形，占地面积约2000平方米，城墙周长约640米。开设西、南、北三处城门。南城门于1988年重修，高5米，内宽2.5米，内高4米，城门顶嵌黑底金字"古方伯里"碑刻。西城门于2003年重建，内宽2.4米，内高3.2米，因地处埠头，故在城门顶嵌黑底金字"阜成门"碑刻。新修城门均为块石砌墙，留有明显的时代印记。城墙断面呈梯形，高约5米，基座宽约5米，上部宽约3米。建造城墙时就地取材，土坯堆筑成型后使用碎石或河卵石干砌覆面。墙顶遍植榕、樟、楮等200余株，历经数百年，枝繁叶茂盘错于石墙之上，护墙而不毁墙，被村民们称为护城"神树"。

　　传胪城堡于1997年被列入第四批省级文物保护单位。

别有风情话古堡

陈雪峰

一座古城，四四方方，静守一方四百多年。城内三道街四条巷，横平竖直。城墙上植以岩榕，绿树环合。城内屋宇相连，城南城北城东城西，均有水井，水质清冽，井水冬暖夏凉。遗憾的是，三十多年前，城北水井毁于一场大火，城南水井毁于一场意外。西城门、北城门，都有高高的石门槛。

若单以城堡而言，传胪古堡仅是霞浦众多古堡中的一座，但她却以独特的风姿演绎着别样的风情。

"古方伯里"城门/陈永迁 摄

城堡里的人们管每年大年之后第一次出城门叫"出红"。"出红"回来的女孩一定要带回鲜花插在自家的门扣门环上，家人会煮一碗加了红糖的黄粿等着"出红"回来的孩子，寓意"行时"，一年四季顺顺当当行好运。

穿红着绿的孩子们欢欢喜喜要出城了，我们踮起脚尖吃力地跨过北城门高高的石槛，迎面枝繁叶茂的大榕树就伸出热情的枝丫拥我们入怀。榕树下，清清的流水淌过石子路面，那是北护城河的河水在漫溢。小心踩过光滑洁净的大小石块铺就的道路，便可以通向城外的园地。

　　那时，大片大片的油菜花层层铺满路的两旁，然后逶迤地延伸到山边。小伙伴们小小的个子就这样沉醉在漫天金灿灿的油菜花丛中，油菜的茎叶绿得娇嫩，菜花的黄，黄得蓬勃，嫩嫩的小小的花瓣簇拥在一起，围着鹅黄色的花蕊。我们分散在油菜花地里，闻着花香，躲着蜜蜂，戏着草虫，掐花也格外轻柔，全不顾头发上衣服上落着的花瓣。

　　我们捧着黄灿灿的菜花回来了，一路高兴地把小脸扬得高高，直到把家里大门小门卧室厨房的门扣上挨个儿插一遍菜花，素朴的房子立刻变得喜气洋洋。大人们会提醒，明年不能摘那么多油菜花了，路边紫色的野萝卜花也好看呀。

　　紫色的花不只有野萝卜花呢，水田里还有大片大片的紫云英，青绿的大地上，挨挨挤挤的紫云英张开紫白紫红的眼睛，热热闹闹地与蝴蝶逗趣。紫云英把水田装扮得鲜艳如织锦，它们是农民为沤绿肥而种植的，等到天气更暖和点，乡邻们会赶着黄牛、拉着犁铧将它们翻地入泥。我曾为那些美丽的紫云英被沤在土里感到遗憾，又没心没肺忘了打好底肥的水田里曾经美艳的精灵，见

城墙上的"神树"／兰钏森 摄

城墙上悠闲的村民／兰钏森 摄

异思迁向往早稻米饭的喷香。

　　不久，紫色的蚕豆花开了，在春风的吹拂下，一簇簇紫色的花挂在每个叶柄的根部，紧贴在蚕豆粗粗的茎秆上，花瓣上淡淡的紫，里面还有贴在一起的花瓣，上方有深深的紫，水灵灵的，像小姑娘深色的眼睛，又像停驻枝头的蝴蝶。有时，花与蝶长得太像，蝴蝶像蚕豆花开在空中，花儿又像蝴蝶从低到高聚在一起传递着春天的要讯。

　　日子在花开花落中悄悄轮转，后门山上祖父栽种的果树，也已桃花开了太匆匆，梨花白了子满枝。当桃花落尽，桃叶新长，我的水果季就到了。新桃的核还是一个软软白白的模样时，我就开始尝鲜，一直到冬至时节满口酸牙的橘柚，鲜果不断。苦桃子吃完了，桃核干干净净，顺势一掰，完完整整的桃仁握在手心。水蜜桃太硬等不及自然软，顺手摘下一捧，放在树下草丛里，隔天去看，变软了，轻轻揉捏，揉捏到软绵绵时，悄悄咬开一个小口，屏气一啜一吸，满口蜜汁，手上只剩下皱皱的桃皮包着滑滑的桃核。杨梅吃多了酸牙，但

241

捡拾树下的落果就不一样了，酸中带甜，另有一股酒香。木头梨吃多了也酸牙，把它们放在灶台大铁锅里煮，煮得软软的，清香酸甜。番石榴吃多了肠道干涩，摘番石榴却有趣，番石榴枝干柔韧，爬挂在树上绝不用担心枝干断裂，甚至可以荡到另一枝头。梨树易折，采摘够不着时，在树下挂一张旧渔网，顺手一摇，便下了一阵梨子雨。橘柚剥开掏出橘瓣后，如果碰上村里杀猪，把猪腰子填回橘柚皮里，用粗针大线缝起来，埋在灶窝里慢慢煨熟，扒开从炭灰里掏出的焦黄橘柚，一阵奇香袭来。

不跟祖父上山的日子里，我常常跑到城墙上，望着后门山的方向，等着祖父的身影出现在山脚下大树边，便迎向祖父跑去。

天气真热，城墙上却凉快得多，中午时分，密密的岩榕树叶被风儿吹动，颤巍巍地揉碎着地上的阴影，阴影过滤了空气中的燥热。中午城内闷热不透风，许多人就到城墙上纳凉。老人们有的坐在树根上，有的坐在较大的石块上，还有的坐在自家带来的竹椅木凳上，摇着蒲扇，垂着脑袋，昏昏欲睡。有的老人拿着用棕叶撕成细条的拂尘，不时舞动着，试图赶走身边的小黑虫，也顺便带来凉风。农人们怜惜耕牛，城墙上常有半卧的老黄牛在纳凉，老黄牛上下牙交错磨来磨去，似乎在吃什么。太阳它有脚呀，悄悄地挪移着，人们追随着树荫也悄悄地挪移着。城墙上，我看到前面的海水涨了又落，看到田垄间的南瓜花黄得硕大饱满，看到农人在地里戽水，戽水架一起一落，看到戴着金黄麦秸草帽的女人，急匆匆给戽水的男人送水送饭。

吸引我的还有城墙上的娱乐，有人在玩"乾三乾四"，这是我喜爱的一种两人对弈游戏，随时随地都可以进行。取出一截树枝在地上划拉几条横竖交错的格子，格子的交点摆上棋子，棋子随手可得，小石子碎瓦片小螺壳，只要双方相互能辨别都可以，然后按一定的路径规则行进，以吃掉对方棋子数的多少定胜负，颇费脑力。夏天的中午我常在旁边观棋，有时浑身被晒得通红发烫，还乐此不疲；看得多了，也找人对弈，赢了暗自得意，输了明天再来。

城墙上的树枝间总有调皮的男孩爬高爬低，显示自己身手的不凡，或者把身了横跨在树枝间，光着脚，垂着两条瘦瘦的小腿，一前一后地晃动；或者嘴里含一片树叶，吹出类似鸟儿的鸣叫声，叶哨与树间蝉儿单调的嘶哑歌声彼此呼应。有时，他们手脚并用在城墙石缝间爬上爬下，看得我心生向往。记得有一次学样试着从墙根往上爬，快到城头时，忽然好奇回头一看，吓得摇摇欲坠，还好有人眼疾手快拉住了我。此后，许多年来，我常因梦见从城墙摔下来而惊醒，更不敢从下往上爬，男孩子就是艺高人胆大！传庐城堡历经 400 年历史风雨侵蚀，现在残墙高约 4 米，但在我的记忆中，她永远那么高大。

传庐城墙不仅高大，而且设计施工科学。城墙底下设有涵洞，连接城里城外水脉。夏天里，我们会把家里的鸭子赶到城堡西面的城前河去，鸭子们进出城门不必费力飞过高高的石门槛，而是自在地从城墙涵洞出入。人们倚靠在城墙树干上，可以看鸭子们在水中稳稳地向前游动觅食。有时鸭子们游累了，躲进河边的黄花菜地里，有的趴着，有的把脑袋反插在翅膀下面，一只脚着地，一动不动。这时，人与鸭子都怡然自得。傍晚时分，鸭子们

传庐城墙 / 兰钊森 摄

陆陆续续顺原道返回各白的家，有时，它们在涵洞里又寻到意趣乐不思蜀，孩子们便把头探进涵洞，舞着长长的竹竿，甚至扔小石块海蛎海螺壳驱赶鸭子出涵洞，颇考验耐心，因为我们的城墙基座有5米宽呀。当鸭子们摇摇摆摆从涵洞钻出来时，不一会儿，前街的涵洞路面上印满了湿湿滑滑的枫叶形脚印。

城墙上的乐趣真多！石缝间的绿植，环绕640米的城墙缝率性地生长，其中不乏珍贵的药材。刨番薯米季节，整个城墙里里外外，野菊花被一夜之间唤醒，一丛丛，一片片，泼泼洒洒地开着。晨起路过城墙，野菊花浓浓的药香恣情地弥散着，嘹亮如歌，满城尽带黄金甲。

冬天里，城墙上落尽枝叶的岩榕沧桑而奇崛，底处枝干上层层叠叠地长着密密的绿意，那是一种叫"猴姜"的寄生蕨。猴姜外形如生姜，身子如猴毛披覆，近年才知道它就是济世良药骨碎补。

每当远客到传胪，主人常会自豪地带客人往城堡走走看看，如果遇到热心的乡邻，他们会补充细数着古堡的骄傲。再相随走一段，逛城墙的人就会越来越多，谁让我们的父老乡亲好客热情呢。

传胪古城堡坐东面西，与东面城墙相望的是一座大山。大山是传胪的另一标志，山名"禁山"，禁山者，禁止斧斤入山林也。山上森林保护极好，大白天入内，阴森昏暗，隐天蔽日。山顶奇石矗立，峭壁高耸，遂称"石壁岩"。传胪先贤、明代南京大理寺评事林遂公，即以家乡后山石壁为名号，世称"林石壁"。传胪古堡上"古方伯里"的石匾，就是石壁公退休后朝廷以其"义行卓著"赐给他故乡的嘉名。石壁峰高，卓尔不群，与北面的葛洪山遥遥相望；石壁峰奇，神似武夷山玉女峰，又如鹰嘴岩。石壁阅尽沧海桑田，登上石壁岩顶的人们称岩顶上长有牡蛎壳。站在石壁岩上，高罗海域近在眼前，石壁岩一山隔两海，奇伟壮观：它的一边是波涛万里的东海之滨，一边是牧鱼耕海的"醉美"滩涂。

八堡村城里
18號

霞浦八堡城堡

八堡城堡位于宁德市霞浦县沙江镇八堡村。明嘉靖年间,霞浦沿海倭乱频仍,嘉靖三十二年(1553年),居住在八堡洋周边小村的陈、林、梅、彭、卓、吴、阮、谢八姓先民集资合力筑堡抗倭,因名"八堡"。城堡坐落于八堡洋"飞凤落洋"的中心位置,坐北朝南,依山面海,东西两水夹流,山川形胜俱佳,选址科学合理。清同治四年(1865年)城堡重修。

八堡城堡周长522米,城墙皆用产于当地的青色花岗岩夹杂着红色花岗岩方石堆砌而成,开辟有东、西两个城门。西城门设瓮城,平面呈"凸"字形,城门宽1.6米,高2.5米,厚4米;东城门宽2米,高2.5米,厚4米,石门额上镶嵌着阴刻"东门"二字的石碑,落款为"同治四年岁次乙丑年重修"。城墙外至今还保留着一条与城堡同行,宽约3米、深约2米的护城河。

城堡内街巷系统和民居建筑保存较好。街巷系统由上、中、下三条街连接环城跑马道而成,青石板铺就的街道两旁设有排水沟。共有73栋各个朝代特征的传统风貌建筑坐落于街道两侧,明代建筑多分布于上街,清代建筑多分布于中街,清后期到民国初期建筑则大多分布于下街,是闽东地区明清城堡建筑的典型实例。

八堡城堡于2013年被列入第八批省级文物保护单位,八堡村于2017年入选第二批省级传统村落名录。

留在岁月深处的八堡

诗 音

  多年前进入过八堡，是非常偶然的路过。朋友说：这是一个古堡，进去看看？转头看到城墙，淳朴、敦厚，没有想象中的高大。墙石苔斑点点，爬山虎攀缘蒙络，墙缝里长些蕨类植物和一些不知名的野草。一棵古榕树雄踞城墙头，盘根错节，不知岁月。花岗岩条石城门上嵌一青石，阴刻繁体"东门"二字。

  进东门，置身于一条窄街巷，潮湿、幽暗、空寂、阴郁，恍惚中如入梦境。街巷笔直，像在梦里延伸。鹅卵石路面杂草铺地，青苔染绿。苔痕侵阶，漫上青砖古墙或石基泥壁。街北壁的半墙阳光，斜切出整条街巷其余部分的幽暗。忽地，惊起一群黑鸟，从街边侧巷的阴影里，呼啦一下飞上天空，盘旋而去。整条街巷看不见一个人，像一座废弃的空城。房门或落锁，或虚掩，或洞开。

东门/吴美英 摄

247

八堡下街一角／兰钊森 摄

八堡城墙外／兰钊森 摄

庭院荒芜，人去灶空。有些房屋坍塌，椽子零落欹斜。藤蔓从空洞的窗台爬出，或沿灰朽的木梯一阶阶爬上楼，翻过门槛进入房间。一个大厅梁架，孤零零立着，虽野藤缠绕披挂横梁，但架子不倒，气势犹在。看那厚实的木料，雕花斗拱，当年也是雕梁画栋，煊赫一时，有过盛世时光。抬眼看到楼顶两个相邻的木质窗框，残损发白。一个窗口黑漆漆的，另一个窗，窗扇欹斜欲坠，窗后竟是一方云絮如鳞的蓝天，恍若达利的梦幻之画。

这次进入古堡，感觉似乎不一样了。街巷干净亮堂了许多。街口一家紧闭的木门前，两条花斑狗安闲卧着，半眯着眼懒懒地晒太阳。一群鸡在屋角的草丛边啄食、打鸣。是寻常住家的安稳气象。后来得知，福州大学的一群年轻学子不久前来过这里。他们带着测绘工具，测量，绘图，上楼下梯翻腾了八天。他们的阳光、朝气、笑声和活力，给古堡带来了年轻的气息。

城堡始建于明嘉靖三十二年（1553年），清代同治四年（1865年）重修。当年为防御倭寇，由陈氏源洪、源浩兄弟为城首，联合林、梅、彭、卓、吴、阮、谢共八姓集资筑堡，因称"八堡"。

据说城堡修筑了50年。散居在溪边和山边的八姓人家，除规定的出工人员外，凡在家劳动的人，每天中午和晚上收工，都要捎一担石头到工地。也有人把自家留作打磨盘或刻石碑的石头都献了出来。而西城墙里嵌着的方石和条石，据说还是从远处运来的宋代雕花石。

如今城墙和城门依然完好。传说因北面山岔口有煞气，北城墙壁安置了一些观音、麒麟、狮子、四不像的小石雕。城墙上有哨楼、女墙，女墙修有枪眼。城堡有东、西两个城门。当年城门上都架土炮。西门是瓮城，有双重城门。城墙外侧的瓮城，形如长颈圆肚瓮。据说当年堡里行刑，还抬出了豹头铡，为防止劫法场，就在这瓮城里执行。抬眼望向城墙头，我看见夕照染红了墙头青草和几百年的老石头。而瓮城草地上，依然静卧着一个长椭圆形石马槽。旧时光里，残照城楼，晚风中是不是有马鸣萧萧？

"八堡下去坡头塘，坡头海水白茫茫"，过去站在西城门，可以望见坡头塘前一片海水。海水离城堡 500 米，涨潮时，浪潮会涌到堡外。经过明清三次围垦造田，现在堡外已是一片山地田畴，根本想象不到，这里曾是一片大海。就像你想象不到，辽阔的天洋原野过去曾是一片原始森林。

八堡，就位于霞浦县沙江镇这片辽阔的天洋原野上，坐落于"飞凤落洋"的凤凰心脏，与四周稻田连成一片。东西两条溪水，由北而南绕城夹流后，汇入大海。外围四面青山环抱。传说此凤凰地为明代

八堡民居 / 吴美英 摄

刘伯温选址。修筑城墙时，风水师问八堡：要平安，还是要大富大贵？往北再扩一百米是"两凤衔书"，即可大富大贵。八堡人回答：平平安安最好。于是就选了这块棋盘地。从四方形城墙和堡内建筑格局看，真像一个棋盘。城堡旧时街道和古建筑群基本保持原貌，由北而南，上街、中街、下街，三条街巷夹在四排房屋间。街巷都不宽大，约两三米，东西走向，并列平行，街头街尾都与城墙边的环城跑马道连接。沿街两侧分布数条南北向的小巷，小巷大部分已荒废，杂草丛生。

先说上街，多为明代建筑。青砖黑瓦马头墙，青石台阶大门楼，依然不失当年的威严整肃；飞檐翘角、雕梁画栋，是旧日的繁华盛世。一条街上四对门前旗杆石，诉说着家族昔年的荣耀与辉煌。街头是清乾隆武举陈长城家。陈长城少时犁田，一天打坏二副犁，被父母骂为败家子，于城墙头徘徊排遣郁闷，转悠时，刚好听到一位正在给小孩洗澡的母亲说：你要脱掉蓝衫换紫袍啊。句话点醒梦中人，只是自己年纪偏大，再不能念书求功名，那就学武考武举吧。发大愿，事竟成。相邻的还有陈贡生、陈泽知县府。陈氏是大族，明清年间出了贡生六七个。街尾一家也姓陈，"选魁"匾额高悬门楣。上次来，字迹还清晰，晒芥菜的老妇还自豪地指点给我们看，但这次来，"魁"字已半边隐约半边污迹花斑漫漶，难以辨认了。双扇木门虚掩，庭院寂寂，大厅照壁上方"蜚声艺圃"的题匾已丢失，壁头的网纹花格和壁板上还留着挂过牌匾的痕迹。照壁边侧通往后厅的小门紧锁。老翁已过世，老妇也搬到城外新村去了。八堡人都说这是"陈部司"家，家里藏有关公大刀和八百多斤的铁盔甲。

上街还必须提到林千总家。千总林光汉在八堡声名赫赫。同治间，奉檄率兵建宁府城，与贼敌战，赏右营把总并千总守备。两儿子，一个是七品文林郎，另一个是五品右营把总守备，可惜遭了倭寇枪杀。传说千总小时跟江湖卖艺人"南京婆"学武功，后来去县城做稻客，遇街上惊马狂奔，眼看要踩踏行人，千总飞奔上前，一把抓住缰绳，制服了马，因勇武封官；有人不服，又以打旗比武使人叹服。其实，这是千总父亲的事迹，由于年代久远，村人附会到千总身上。千总父亲奉檄戍守台湾，遇大风覆舟身亡，年仅35岁，因在世时间短，人多不识，只知威赫显世的林千总。传说与真实常常这样扑朔迷离。就如千总兄长林卓赋，阵亡时丢了头，传说安葬时，皇上御赐了一个金头颅，这是林氏后人也无法确定的事。我查了民国十八年（1929年）版《霞浦县志》卷三十二"忠义传六""清林卓赋"："初，由父中营外委鹏钊带兵渡台，溺毙，奖把总。咸丰五年，长发扰江南，卓赋召赴常州助剿，阵亡。事闻，追赠千总，并予世袭云骑尉。"这样说来，林家三代都有人为国捐躯。此外，林氏家族还有四个八品官，一个贡生，九个庠生。如今，后街只住了陈氏一户人家，曾经的显赫和壮烈已如云烟。

中街多为清代建筑。最轩敞的众厅在中街正中央，是八姓的议事厅。一排隔扇木板门，柳条窗，几百年的老屋，木色古旧，风采依然。众厅内，有戏台和天井。戏台两边是女眷看戏的女房。深宅大院的旧式缠脚女子，不能走大街抛头露面。中街两排相挨的房子后门之间，屋檐下，有一条小弄，她们去看戏只能走这样的偏僻小弄。如今路径荒废，入口处乱草迷离。

清代老店铺也主要分布在中街两侧。过去有米店、饼店、糖包店、豆腐坊、油坊、榨糖坊、染布馆、杂货铺、鸦片馆，如今门可罗雀。临街木质大横窗，窗台落满尘埃，窗口敞露一室的空落和冷寂。

中街，如今只剩了林、陈两户人家。那天，我和陈家媳妇聊了几句。陈家媳妇指着斜对面一家说：人去楼空落了锁，瓦顶就抑制不住往下塌。老屋也怕闷啊，似乎寂寞摧垮的不只有人。

都说下街不好，一场大火烧塌了半爿街。现在多是清末至民国初期的建筑，好几座是黄泥土墙，破败得尤其厉害。完好的青砖大瓦房倒也有，却是没有一

户住家了。房屋倒塌空缺处，像岁月苍老的齿缺。穿过"齿缺"，可看到南城墙下有水塘如溪流，塘边草丛灌木掩映。这就是城堡七星池中的一个池了。此外，城堡还有中街井、亭下井、北门井等七口井。北门没见门，倒是进东门后看到偏北处有一口井。古井在断墙颓垣乱草间，井台石风化剥蚀得麻麻戳戳，不复旧时的光溜油亮。

下街东头有一座八堡人民会场，原是陈氏大宫，供奉温、康两元帅。大宫里有戏台，村里每年过神节都要请戏班来唱戏。清咸丰三年（1853 年），洪水大发，摧房漂屋，夜半时分，村人听见街上有马哒哒驰过。翌日，人们发现东西城门紧闭，千斤重的石板门闸嵌进石门框，挡住了大洪水。谁会半夜起来举起千斤重的大门闸？村人都说是宫里的菩萨护佑了全村平安。

从东门出城，再次看到城墙头那棵儿百年的老榕树，根须虬曲遒劲，如龙如爪，守护着这座岁月深处的古城堡。

八堡人民会场/吴美英 摄

福鼎潋城城堡

激城城堡位于宁德市福鼎市秦屿镇激城村。始建于明嘉靖十一年（1532年），出于防范倭患的目的，由当地杨姓望族倡议，召集世居于激城的王、叶、杨、刘等几个大姓宗族，依山傍溪分段砌石筑城，朝廷委派官员全程监建。

　　激城城墙周长约 1127 米，占地面积约 180 亩。背靠大岗山，前有象山、狮山盘踞，后有虎山、双凤山拱卫，灵狮溪、蓝溪环绕，山环水绕筑就激城第一道屏障，约 4 米宽的护城河和高 5—6 米、宽 4—5 米的城墙构成激城第二道屏障。城墙上设有高 1.5 米、厚 1.2 米的女墙。整个城堡开东、西、南 3个城门，环堡设有 4 座炮台，以东西走向石板主街为分野，将堡内建筑聚落一分为二；堡内四通八达的巷弄、水圳系统将城堡内民居聚落分为东麓、金鳌、庆云、衙门里 4 境。明永乐年间，设有官方储存谷物的激城仓；清乾隆年间，杨家溪巡检可移至激城，设激城巡检署，负责就近巡防缉捕等事宜，堡里的"衙门里"之地名即由此而来。城堡西面有唐代古刹灵峰寺；城堡外有始建于南宋庆元年间的石湖书院，朱熹曾在此讲学，从此激城文风大盛。

　　激城城堡于 2009 年被公布为第七批省级文物保护单位，激城村于 2012年被列入首批中国传统村落名录。

溦城探秘

林思翔

位于太姥山麓的溦城古村，就像一座"围城"，石砌的绕城高墙把这个数百户人家居住的村落围在坚固的城堡里。

城墙建于明嘉靖年间，正好把村子围了个遍。环城设有炮台、更楼，有城门三口。城内有环城路，城外有护城河。还有一条清水河，潺潺流水，穿城而过。高墙恢宏壮观，城边环境清新，活脱脱一幅美丽的古村风景画。

这里背山面海。如今看到的村前数千亩良田，历史上曾是波涛起伏的海面，明嘉靖年间为御倭患而筑城堡。立于城上极目驰骋，但见城下波光溦滟，水天一色，故把原来的村名蓝溪改为溦城。这个富有诗意的浪漫村名流传数百年，

东门/林峰 摄

一直沿用至今。

高墙把城郭围起来，也把这里的历史给圈起来了。海潮朝起夕落，土层逐日沉积，发生在这里的文明史迹也被深藏土中，如一颗被泥土覆盖的明珠，发不出光，引不来关注的目光。

岁月流逝，沧海桑田。如今城门洞开，大路朝天。沿着潋城的城内城外走一遍，不经意间可邂逅好几位古时文化巨擘，捡拾许多文明碎片；如将这些文明碎片缀连起来，就是一部潋城的文明史话。潋城把文明史迹敛收于城，深不可测。

古代文人中最早来这片土地安营扎寨的要算被誉为"闽中之全材"的唐代诗人林嵩。在与潋城相邻不远的礼澳村灵山草堂遗址，我们寻找到了林嵩的足迹。这位后来成了闽东史上第二位进士、官至金州（今陕西安康）刺史的霞浦赤岸人，12岁时就到礼澳筑草堂苦读，还自撰一联，曰："大丈夫不食唾余，时把海涛清肺腑；士君子岂寄篱下，敢将台阁占山巅。"足见小林嵩志存高远。林嵩登第后荣归故里，在流经潋城，"河流湍急，一雨成灾"的蓝溪上建桥，桥址犹在。当然林嵩的古道热肠还表现在他为播撒文明种子所做的事情，这位诗入《全唐诗》的闽东才子，构筑的这座草堂是福鼎的第一座书院，也是中国最早的书院之一。它犹如文化荒原上的一盏明灯，照亮了太姥山麓乃至福鼎的广袤沃野。

沐浴草堂的文明之光，林嵩辞世160年后的宋徽宗崇宁五年（1106年），潋城学子杨惇礼高中进士，这在当年如凤毛麟角，实属不易（为北宋一朝福鼎三位进士之一）。照理"学而优则仕"，中了进士理所当然就去当官，可杨惇礼有点"怪"，他有三奇——"有官不做，有田不买，有子不荫"。在连任陕、彭、泉、宿四州教授之后，到朝中转任太学博士，后见官场混浊，便谢绝朝廷重用，不到60岁就告老还乡。他没官没田，却拥有很多书。

西门/李步登 摄

正是因为他拥有很多书，才与著名史学家郑樵结了缘！

在莆田夹漈山建草堂读书著述的郑樵（夹漈先生），为编写集天下书为一书的《通志》而四处访书。绍兴十九年（1149年），他来到长溪潋城，访到杨惇礼老先生。杨惇礼家中藏书千卷，因致仕归乡。为了读尽杨家藏书，贫寒的郑樵答应杨惇礼，以为其孙杨兴宗授学作为条件，寄居杨家，并在潋城灵峰寺讲学授徒。11年后，杨兴宗成了杨家第二位进士，先后任职于处州、温州、严州，卒于湖广提举，"甚有政声"。当然，郑樵教授的学生不止一人，杨兴宗仅是代表之一。

郑樵在潋城虽未留下遗物，却留下遗篇。一天，郑樵见源于太姥山的蓝溪（即潋水）穿村而过，流水清澈，联想到"每年八月，水变蓝色，太姥染衣，取其水沤蓝染布最佳"的传说，遂生灵感，写下了《蓝溪》一诗："溪流曲曲抱清沙，此地争传太姥家。千载波纹青不改，种蓝人果未休耶？"此外，他还为蓝溪前三桥下的蒙井题写一诗："静涵寒碧色，泻自翠微巅。品题当第一，不让慧山泉。"这两首诗是为潋城、为太姥山而作，也折射出一代大家的不凡心迹。真要感谢这位被梁启超先生称为"若光芒竞天一彗星"的文化大家！

朱熹年轻时就闻郑樵盛名，曾特地到夹漈草堂拜访比他年长20多岁的郑樵，两人谈诗论文三天三夜，这期间郑樵以"豆腐、白盐、白姜、荞头"招待朱熹，真可谓"君子之交淡如水"，传为佳话。为表感谢，朱熹撰联赠之："云礽会梧竹，山斗盛文章。"至今仍挂在夹漈草堂正厅。

继郑樵之后，朱熹于庆元三年（1197年），因避"庆元党禁"之难也来到福鼎。这于朱熹是"因祸"，而于福鼎却是"得福"。

朱熹何以来福鼎？这与潋城人杨楫有关。杨楫为杨惇礼从孙，早年入朱熹之门，曾往建阳考亭向朱老夫子诣门求教。听说老师要来，便专程到赤岸（今属霞浦）迎接先生至潋城自己家中，并和邑人高松一起在潋城石湖观设书院请朱熹讲学，"从游者甚众"。石湖书院，后为杨楫祠，原址即现在的杨氏祠堂。据传书院曾挂一副对联，曰："孔夫子，朱夫子，二位夫子；写春秋，看春秋，一部春秋。"朱熹还题写"溪流石作柱，湖影月为潭"联句镌石于书院。

杨楫、高松等人还盛情邀请朱熹到桐山一游，一起登上桐山东北龟峰顶的一览轩。朱熹感激弟子的情谊，也留恋这块地方。当朱熹游览至福鼎黄岐时，住在一农户家里，夜里还在构思《中庸序》，忽然来了灵感，乡下无纸，一时情急，就写在了隔板后。后来这块隔板还被收入州库珍藏起来。

因为有杨楫、高松等人此次盛情之请，朱熹才得以安全避在杨家与高家，聚徒讲学。虽然朱熹在福鼎的时间不是很长，但他的理学思想对当时和后世有很大影响。正如《福鼎县志·理学》所述，"自高、杨诸君子游紫阳之门，深得其邃，大阐宗风，名儒辈出，后先辉映"。

朱熹在福鼎的第一位高足就是杨楫。杨楫是南宋颇有成就的理学家"三杨"之一，跟随朱熹时间较长，理学造诣颇深。朱熹曾将自撰部分文稿交其整理刊行，杨楫还为朱熹力作《楚辞集注》题跋。庆元五年（1199年）秋冬之交，朱熹抵浙，杨楫旋即前往探望，与朱熹对榻研讨理学，逗留月余。朱熹称，与杨楫"相聚甚乐，比旧顿进，知有切磋之益"。杨楫曾任国子监博士、安庆知府、湖南提刑、江西运判等，他"少登科第，居朝不阿，言行政绩，灿著辉煌"，所到之处政声颇著。逝世时，南宋著名诗人、工部尚书刘克庄曾作诗《哭杨吏部通老》，深表悼念。邑人祀杨楫于石湖观，即现在的杨氏宗祠。

林嵩、杨惇礼、郑樵、朱熹、杨楫、杨兴宗……或长住或过化或还乡，一拨拨文人的教化，一茬茬文明的传承，使潋城、使太姥山麓、使福鼎大地文风蔚然，人才辈出。据清《福鼎县志》记载，福鼎共有进士44名，其中宋代达41名（潋城占9名），杨楫之后100年间就出了29名，这自然与朱子教化、郑樵授徒等密切相关。

徜徉潋城内外，不仅可邂逅古代文化巨擘，还可看到几处极富特色的古建筑。

位于村西不远处的灵峰寺是一座千年古刹。这座始建于唐贞观三年（629年）的寺庙，重檐歇山顶，气势恢宏，寺旁树木掩映，清溪环流，素有"东天佛国，海上仙都"之美誉。寺内现存唐宋石刻60多块，上刻人物、兽狮、花草图案，造型生动，风格古朴。人物皆为力士，即护法金刚造型。其个体矮小朴拙，壮实敦厚，面相圆凸，眼似铜铃，胸部大而沉，腹部隆而突，双臂向上托起，显示力大无比，似有"泰山压顶不弯腰"的英雄气概。

潋城还有一座齐天大圣宫，其历史至少可追溯到清道光年间。殿内供奉着"齐天大圣"神像，两侧对联曰："圣地清风水帘洞，大殿锦如花果山。"大殿正面为大戏台。每逢中元节，这里要连演三昼夜戏，四乡八里村民聚而欢度，形成庙会。人们祈望通过虔诚膜拜，保佑风调雨顺、太平安定。可要把美好愿望变

南门外经幢 / 省文物局 供图

为现实，得靠奋斗。1934 年 3 月 19 日，中共福鼎县委组织赤卫队和革命群众600 多人集中在齐天大圣宫，发动了旨在打击反动势力的武装暴动，给福鼎的历史留下了光荣的红色印记。

激城还有一个泗洲文佛石屋。这座建于宋代、占地仅几平方米的石屋，却把激城的文脉与"诗仙"李白扯上了关系。泗洲佛原本是唐代一位高僧，法号僧伽（628—710 年），西域碎叶城（今吉尔吉斯斯坦托克马克市）人。唐高宗显庆四年（659 年）进入大唐凉州（今甘肃酒泉）传授佛法。两年后，到江苏泗洲城传法，为民治病，造福民众，坐化后被奉为"泗洲大圣"，又谥为"泗洲菩萨"。景龙二年（708 年），唐中宗请僧伽大师到京城长安荐福寺（今西安小雁塔）当住持，并封其为国师。李白父亲李客是西域碎叶商人，此时正在长安经商，听说僧伽大师也是碎叶老乡，便带 8 岁的李白拜僧伽大师为启蒙老师。后来李白成为唐朝大诗人，故僧伽大师又有"泗洲文佛"之谥号。宋代是激城文风鼎盛之时，激城人恭请"泗洲文佛"到境内，上香供祀，顶礼膜拜，除了祈求保佑平安之外，应该还有希望文脉代代传续之意。

激城，闽东沿海的一颗璀璨明珠。其"围城"城门一旦洞开，深藏地腹的明珠便出土见日，迸射出五彩缤纷、令人惊羡的文明之光！

北门炮台 / 省文物局 供图

玉塘城堡位于宁德市福鼎市桐城街道玉塘村，旧名"塘底堡"。始建于明嘉靖三十九年（1560年），是世居玉塘村的夏姓望族为抵御倭寇侵扰，奏请官方批准后集资建造的，当年抗倭名将戚继光曾驻兵于堡外，是闽东地区现存较为完好的民筑土堡和古战场遗址。

　　城堡平面呈方形，依山面海，城墙北顺山势、南沿海边，采用花岗岩条石砌筑，周长874米，高3.6米，厚3米，现存有东、南、西3门。西门和南门为拱形门，高3.5米，宽3.1米，厚2.6米；东门为长方形门，高3米，宽1.7米，厚1.7米。原各城门上建有城楼，现已无存。城上环建女墙，堡内最高处可以俯瞰城区。

　　玉塘城堡于1989年被福鼎公布为第一批县级文物保护单位，2013年被公布为第八批省级文物保护单位。

玉塘，珍重！

白荣敏

"城郭沟池以为固"（《礼记·礼运》），冷兵器时代的城和堡对保一方平安起着重大作用。清嘉庆版《福鼎县志》载："县城，属营中地。旧未有城，明嘉靖三十八年（1559年），乡人筑石堡以备倭。"这就是桐山堡。第二年，在桐山堡的南边也建起了一个堡，原名"塘底堡"，也就是现在的玉塘古堡。

历史的演进，成就的同时也在毁坏，如桐山、玉塘二堡。桐山堡今已不存，成为福鼎城区一部分，要寻找一丁点旧迹也很困难；而与之相距咫尺的塘底堡还保存较为完好。它们就如一对曾经的患难兄弟，后来却走了不同的道路。一位变革，一位固守；一位历尽世间繁华，一位墨守百年清静。

繁华易使人迷乱，看不清它的过去。谁会在一座现代化的城市大街上无端地凭吊？只有走进玉塘，你才能看到一些往事，触景生情，生发出与历史和生活有关的或荣光或耻辱的情绪来。

四百多年前的玉塘是一块宝地。山随溪水向东，到这里遇到了海，地势趋于平阔。西北枕连绵苍翠群山，东南看宽阔苍茫海潮，一块小平原浮在山海之间。这山海之间的土地肥沃、

西门/白荣敏 摄

俯瞰玉塘城堡后山一段 / 杜海鸣 摄

鱼米十足。乡民的审美与实用主义相结合,这样的地方在他们眼里只有秋天最醉人,因为秋天是收获的季节。后来"玉塘秋色"成为著名的"桐山八景"之一。

清乾隆二十四年(1759年),福宁知府李拔偕同福鼎、长乐知县等游览后这样赞美玉塘秋色:"暑气移金律,秋容满玉塘。断霞回雁浦,残照落渔庄。露后黄橙熟,霜前晚稻香。宦游多感兴,鲈脍忆江乡。"

话说李知府下到县里视察工作,正是金秋时节,哪能错过这个以秋色闻名的鱼肥稻丰之地?可是这样的地方一不小心使他起了思乡之情。我想他们一帮人看着眼前翻滚着的金色稻浪之余,还得坐下来好好品尝一下当地有名的桐江鲈鱼吧!这咸淡水之交所产的鲈鱼,味道之美直令这位来自天府之国的李知府陡生艳羡之心而又平添殷殷思乡之情。

南门/胡志贤 摄

东门/胡志贤 摄

道光二十六年（1846年），时任福建学政的一代名臣、诗人、书画家彭蕴章也来福鼎视察，流连玉塘，并赋诗曰："玉塘横十亩，秋色满鱼庄。白露零丰草，霏霏秔稻香。"

时光上溯至明嘉靖年间，那时的玉塘可不是李知府、彭学政视察时的那样。其时，肆虐于我国东南沿海的倭寇扰乱了玉塘乡民的安定生活。滨海之地而无藩篱以蔽门庭之寇，玉塘曾经数次经受倭寇的侵扰和蹂躏，乡民不堪其苦。至嘉靖三十九年（1560年），终于有族人倡议建堡自卫，马上得到乡民的响应。家园有难，团结御侮，玉塘乡民们众志成城，还得到官府的支持，第二年城堡即告竣工。城堡"下自平原之麓以连高巅……表二百十丈，高二丈，址厚丈有奇，环绕六百四十丈。壁门三，敌楼亦三，女墙数垛"。

竣工之日，乡民们登城眺望，不由得高声感叹，城堡"外以束海门之襟喉，内以萃境中之淑气，负山崖而阻江潮。当其天凉风急，汹涌澎湃作我濠堑，盖

道光年间立夏氏义冢石碑／胡志贤 摄

屹然一保障矣"。

稳定高于一切，安全有了保障之后才能发展生产。乡民筑堡之后开始营造祥和安定的生活，这样，堡内陆续有了一座座别致精巧的民居院子、鹅卵石铺成的小街，和春雨秋雾似的传说故事，流传至今。

于是，现在看来，昔日玉塘乡民创造的这一切便都有了深长韵味，如一坛酒，不经意间被遗忘在某一个角落，突然有一天被后人发现，散发着醉人的芳香，视为珍品。甚至是1656年秋，乡民在与倭寇的一次决战中，因寡不敌众而战败，遍地横尸收殓后入葬东门外而留下的"义冢"，以及延续至今每年清明节以鸡毛血祭奠的乡俗，也成了挂在历史枝头的一颗不可能不想、想又不忍细想的青涩橄榄。

过去的不能忘却，而更重要的是我们如何对待现在的玉塘。

"东扩南移面海"的前进脚步不可阻挡，建造在桐山堡旧址上的福鼎市区继续发展，但是否对玉塘构成另外一种全新的"威胁"？古人说历史是一面镜子，留玉塘这样一面镜子，经常照照，亦是城市发展之幸。走在玉塘的街巷中，昔日的鹅卵石子路已不复存在，覆盖以极平常的水泥路，平坦是平坦了，但走在上面，又为那独特的石子路惋惜，心情反而难受。登上城门，我们还能不能生发出古人"闲情更上湖堤望，百里田畴喜阜盈"的欣喜？

玉塘，珍重！

福鼎石兰城堡

石兰城堡位于宁德市福鼎市硖门畲族乡石兰村。南宋绍兴二年（1132年），邓氏先人从江西庐陵县迁徙于此，发现此地三面环山，一面朝水，风水俱佳，便定居于此。明万历八年（1580年），为抗击流窜倭寇，石兰邓氏经报请朝廷批准后，沿村依地形垒石筑堡，建成环形城墙500多米，开设城门一处，并于地势高处垒筑烽火台一座。

目前城堡石砌城墙尚余90多米，城门保留完好，门洞高约3米，宽约1.5米，仍作为石兰村的出入通道在使用。烽火台仅存有高3米、周长30米的基座遗址。与一般镇村寨堡不同，进入石兰城堡须穿过狭长的巷道，巷道两旁砌2米高石墙，每间隔10米左右设置一分口，增设石阶和回头墙，形成了回转通达的交通系统，有利于隐蔽杀敌、灵活避敌。

石兰城堡于2008年被列为福鼎市文物保护单位，2013年被评为第八批省级文物保护单位。

石兰，老去的时光

洪 博

　　抗倭留给后人的，除了面对外侮挺身而出、勇于牺牲的精神财富，还有就是布列沿海一带的御倭城堡。清《福鼎县志》里记载的许多城堡，如桐山堡、秦屿城、店下堡、沙埕堡等，都已无存；现在保存相对完整或仍有所遗存的，除了桐城的塘底堡和秦屿的潋城堡，就是硖门的石兰堡了。石兰最早的居民为南宋绍兴年间从江西庐陵县迁居于此的邓氏先祖。到了明初，倭寇侵扰沿海，族人逃离家园。可是故土难弃，几十年后复回石兰，并于明万历八年（1580年）绕村建成城堡，一村得以保全。族人在这个相对封闭的空间里繁衍生息，创造他们的生活。

古老的城门/白荣敏 摄

271

　　现在，城堡已经很老了，老到大部分的墙体被岁月之手推倒，依然挺立的只有北面的一个城门。城墙两人多高，以城门为中心向两侧伸展，没入草木之中，如神龙之尾。垒墙的块石满披老去的苔衣，但你仔细观察，这深褐色的苔衣附着的其实多是红褐色的石体，在阳光的映衬下，若隐若现，使人联想到人的皮肤下涌动的血脉，散发着生命的力量。

　　比城墙还高的是各种不知名的树，还有和树干一样粗的藤。我从没见过这么粗的藤，它是一种栗豆藤，村民们形象地把它叫作"过山龙"。它们有龙的雄姿和神韵。有一株像树一样从地上挺起，半中间翻了一个身打了一个结，继续往上冲出，绕过一棵树的脖子，越到另外一棵树的头顶上，再长出蓬蓬勃勃的枝蔓和叶子；又有一株顺着城墙的顶部往下窜，也翻一个身打一个结，又往外跳出，攀伴了城门前的树，就和树长在一起了。如此好多株，团结在一起，

古老的城墙 / 杜海鸣 摄

把身边的树也团结在　起，组成了一个严密的组织，一个密不透风的保护网。我想，石兰古堡的这个北门能够巍然屹立到如今，和栗豆藤的努力分不开。栗豆藤目睹了村民与倭寇的一场场血战，同时也接受了鲜血的滋养。我抚摸着它虬枝上的皮肤，坚硬的表皮下，分明有英雄的血脉在涌动。

石兰的树也已经很老了。进入北门之后，我们来到了村子外头附近一上一下两个池塘边上，看到两池之间有一坝相隔，坝上两棵大榕树并行站立。它们站立的位置相距一二十米，却互相伸出了数不清的手拉扯在一起，交错融合，两树冠盖共同形成了一个椭圆形，遮住了整个堤坝。两树一雄一雌，人称"夫妻榕"，一年四季呈现出不同的生命状态，春季雄株绿雌株黄，秋季雌株绿雄株黄，一黄一绿，相互交替。两树已经站立 500 多年，老了。我不知道它们年轻的时候有过怎样的磕磕碰碰，或者要共同面对如何严相逼的风刀霜剑，但它们始终朝着对方的方向努力伸展，互相支撑，互相温暖，达成生命的交融，年

岁愈大，情爱弥坚，向世间演绎这令
人心动的不老传奇。

　　石兰还有两组老树的生命形态更
加令人嘘唏不已。一组叫"榕抱樟"，
在池塘的北岸上。大榕树长在大樟树
上，榕树的气生根沿着樟树的树皮错
综交叉地往地面生长，直入土层，就
像一张用粗绳织成的大网，把樟树紧
紧围抱。大樟树的树干上和树叉中又
长满好几种其他的杂树、长藤和青草，
树中有树，树外有根，根上有藤，藤
间有草，大家热热闹闹一起生长，这
样"无原则""无偏见"相濡以沫的
场景，人世间不知道会不会找得到，
但树的世界给我们树立了榜样。另一
组村民们把它叫作"瞭望樟"，在石
兰村的高处，相传也是为了抗倭，村

城堡里的古树／白荣敏 摄

民们在树上凿洞，让人藏身其内以便观察倭寇之动向，故名。人从根部的洞口
进入树的内部，可以一直爬到高高的树干上钻出。它们其实也是"榕抱樟"，
下部粗大的樟树树干被榕树用根织成的网抱住，上部樟树的树枝上却突然长出
了榕树的一枝，如此许多处混杂，要仔细分辨，才能看出在这同一个冠盖里，
哪一束是榕树的枝叶，哪一束又是樟树的。两组"榕抱樟"的树龄均已千年以
上，树干斑驳，树皮龟裂，而绿葱葱的叶子依然青春，它们都各自努力地向上
生长，有秩序地共同接受阳光的爱抚。

城堡里的古树/白荣敏 摄

第二次去石兰，我还见着了祠堂边的一口古井，井沿是一圈三合土，也是很老很旧的颜色了，但往井里看，却是一汪悠悠清水。村民们说，井水常年清冽，天寒地冻直冒热气，而炎夏酷暑取之饮用，却透心冰凉。井是村庄的脐眼。在许多地方，我们见多了古井，大都已不出水，甚或井里填满了瓦砾，让人生出繁华不再风水流失之叹，窥探到这个地方的内里其实已经走向枯败，可此井几百年来却活水不断，让我们不由得赞赏石兰山水的健康。健康，是多么宝贵——特别是当它已经老去！

石兰已经老去。在石兰，你很难发现一块崭新的石头，抑或一件什么新鲜的用具，却能很随意地瞥见路旁堆放着的退役的石臼、柱础，或是废弃的青砖和黑瓦什么的，它们也许蓬头垢面，但掩盖不住内在的光芒。面对石兰，我问自己，我也会老去，但当我老去，会不会一样焕发出令人心醉的光泽？在老去之前，如果我放弃了对一些珍贵品质的追求，比如对正义的维护，对爱情的坚守，对他人的包容，以及对健康的珍视，那么，当我老去，或者有一天死去，身体归于尘埃之中，而我留在时光之中的，将会是什么？

老去的时光，沉淀在石兰的许多物事当中，需要我用一生去阅读。

古堡入口 / 邓正金 摄

古堡里的民居 / 白荣敏 摄

漳浦赵家堡

赵家堡位于漳州市漳浦县湖西畲族乡硕高山，是赵宋皇族后裔流亡避难并世代聚居的一个古城堡。该堡几经修筑，才达到今日所见的规模。

最初，宋太祖赵匡胤之弟赵匡美的第十世孙、闽冲郡王赵若和于宋末（1279年）在漳州浦东登陆，栖身银坑（今属龙海），后为避元兵而迁到漳浦佛昙镇积美乡筑堡而居，又在20里外的官塘（即今赵家城）硕高山中建楼堡完璧楼作为隐居处所。明万历年间，赵若和九世孙赵范官至浙江按察司副使，于万历二十八年（1600年）冬开始在原遗址基础上重建完璧楼及其附属二层小楼。现存完璧楼三层，高20米，第一、二层每层16间，第三层连通，没有分间，作为战时集合壮丁、居高临下防御之用。又于万历三十二年（1604年）夏建造城墙（即现在的内城墙），夯土版筑，长222米，高6.2米，上宽0.8米，下宽1.4米。开设西、北二门，北门为正门。建设工程一直延续到万历四十七年（1619年），在内城墙外增建了一组四座同式的府第和三组厢房组成的官厅建筑群，供族人共同居住。

建堡10余年后，赵范的儿子赵义又于崇祯七年（1634年）开始扩建外城。建成的外城墙长1200米，高6米，墙基宽4.3米，墙上带垛口，共设有6座马面和4座城门。北门"硕高居胜"设有瓮城，是正门；东门"东方钜障"和西门"丹鼎钟祥"建有城楼；南门相比于其他三门，规格较小，建成后就被条石封死。此次工程将赵家堡扩大到占地173亩，并在原有官厅建筑群的北侧建造了6座同式堂屋（惠堂、忠堂、志堂、孝堂、史堂、守堂）及相应的厢房，开辟了园林区，挖掘了内外荷花池，基本奠定了赵家堡内外城的格局并延续至今。

赵家堡规模恢宏，建筑类型丰富，历史文化内涵深厚，对研究土堡的形成与发展有重要的参考意义，是研究闽南土堡的极好实例。2001年与诒安堡一起被列入第五批全国重点文物保护单位，2015年入选第三批中国传统村落名录。

链　接：

五里三堡：位于漳浦县湖西乡，是三座位于方圆五里之内的民堡建筑，分别为赵家堡、诒安堡和新城（蓝廷珍府第）。三座土堡均出于防御的目的建造，规模宏大，环城均以城垣环卫，内部格局完整，功能丰富。

🔲 围城下的百年孤独

季　仲

　　早在二十五年前，赵家堡还默默无闻地趴在闽南硕高山下的时候，我就参观过这座大宋后裔聚居的遗城。那坚实的城墙、轩敞的官厅、整齐规范的住宅，虽因年久失修而略显衰败，却处处透露出昔日曾经拥有的辉煌。

　　正是暮春时节，盛开的三角梅在骄阳下昏昏欲睡。在油漆斑驳的门楼前，三三五五衣衫褴褛的老妪，坐在树荫下闲聊，既悠闲自在又百无聊赖。我脑中蓦然蹦出一首唐诗："寥落古行宫，宫花寂寞红。白头宫女在，闲坐说玄宗。"这些白发苍苍的王室后裔，天天都在唠叨一千年前先祖们的汴梁旧事吗？

　　这种白头宫女似的怀旧情结，像驱不散的雾，四百年来一直笼罩着暮气沉沉的赵家堡。赵家堡式的物质缔造者与精神营造者，当首推赵范、赵义父子。赵范者，乃隐居漳浦佛昙的南宋小皇储闽冲郡王赵若和之十世孙。这一支赵氏余脉改姓埋名东躲西藏，逃过元王朝九十余年的血腥追杀，至明洪武十八年

北门"硕高居胜"/姚洪峰 摄

赵家堡全景 / 张向东 摄

（1385年），经朱元璋御批而恢复原姓，重新敢走在阳光之下。隆庆五年（1571年），赵范进士及第，任过无为州知州、户部郎中等职，枯树生花，家道中兴。告归之日，适逢闽南沿海海盗为患，居家不宁，又与当地大户屡有摩擦，邻里不睦，便选择漳浦湖西乡一块地盘，"寻先王谛造故处"，筹建占地170余亩的赵家堡。此地"山谷盘密，不嚣冲途，不逼海寇，不杂城市纷华，可以逸老课子……可以聚族蓄众"。赵范踏遍青山，为子孙们找到这样一块风水宝地。

在专家眼里，赵家堡"处处乃沿汴京之旧"。就是我这个门外汉，一踏进气势森然的城门，走在卵石硌脚的村道，也感到汴梁景致、古都风韵扑面而来。且略举一二。比如，历史上的汴京设外城、内城和大内三重，赵家堡也设置了内外城和完璧楼三重。这在闽南乡间众多城堡中是绝无仅有的。又如，府第西侧佛祖庙前矗立着一座聚佛宝塔，高5.95米，正好是开封城西北宋铁塔现高的十分之一，瘦骨嶙峋，峭拔鹤立，活脱脱的是开封铁塔的翻版。再如，著名的《清明上河图》描绘了北宋京都的繁华景象，其中有一座拱桥格外引人瞩目；在赵家堡的一湾莲花池上，也有小桥一座，宛若细眉，横卧碧波，直名"汴派桥"……当然，最让人浮想联翩的，当数构筑恢宏的城堡主楼——完璧楼。"完璧"者，完璧归赵也，毫无疑问，此楼隐含着赵氏遗民怀古之幽思。你看，那个斗大的"璧"字，架构吊诡，将上下结构改为左右结构，原来只占四分一的"辛"字，伸展为独据半壁江山。作为历史上一直以文弱著称的宋室王朝，自赵匡胤黄袍加身，从未一统天下；偏安江南，更是风雨飘摇，山河破碎。所以，对于创业守成的"艰辛"，赵范们感同身受，那一横一竖、一挑一点，是隐藏着多少难言的辛酸、绝望的期盼！

显然，这样一座匠心独运的城堡，这样一处聚族而居的古宅群落，既是一部用一椽一桷书写的古代建筑史，又是一部用一砖一石镌刻的覆灭王朝的心灵史。它留下了赵宋以降近千年间的文化信息与历史密码，期待着专家学者去探究和破译。

当然，赵范父子并不一味地只顾恋旧怀古，对后世子孙的起居衣食、耕作游乐也都做了周详的安排。作为一座御寇保安的城堡，首先是它固若金汤的城墙。现在我们能看到的外城墙完好无缺，呈密封的四方形，全长一千余米，高达一二层楼，城墙上头不仅可以跑马，并排行驶两部大卡车也不在话下。城

汴派桥 / 姚洪峰 摄

堞有枪眼，城楼有瞭望台。城墙所用的石材，全是当地盛产的花岗岩。其克敌制胜的军事功能，正如城门匾额所标榜，真是"硕高居胜""东方钜障"。其次，是生产生活设施，一应俱全。从主楼官邸到排列有序的瓦舍平房，按地位尊卑、辈分高下，次第而居，各得其所。食必躬耕，则城外有良田千顷；衣需布帛，则堡内有桑棉苎麻之属。房前桃李，屋后龙眼，茶林蕉园，点缀其间。细草铺毡，杨花糁径；井若星斗，溪环玉带；临池观鱼，荡桨采莲；赏菊篱下，采樵硕山；垂钓官渡，踏青阡陌。真是个罕见的世外桃源！老祖宗连儿孙们敬神拜佛也都想到，城堡内有关帝庙、大禹庙和佛祖菩萨，念经参禅，吃斋拜佛，举步可及。在主楼一侧，有一废园，好些石柱、石笋赫然耸峙。此乃古代的男根崇拜，有那不育的夫妇需求神送子，便来焚香叩首，顶礼膜拜。

在漫长的岁月里，赵宋遗民对小土堡里衣食无虞浑浑噩噩的日子，除了发出几声无奈的叹息，大致上还是满意的。堡内多处建筑物上代代相传的楹联证实了这一点。"宋室久播迁，一蝶不随天下去；皇朝重举废，双麻曾向日边来。""四海亦何常，邱客能居乾坤大；天潢虽已远，诗书振绪日月长。"都说统治者做梦都想夺回失去的天堂，赵宋后裔却心甘情愿地认命了。他们深知"落花流水春去也"，总是找出种种理由安慰自己而苟活于人世，把祖先的辉煌深埋于记忆依稀的荒丘坟地。

但是，我走遍赵家堡，总觉得这里似乎少了点什么。

到底少了什么？

哦，我在这里没有看到一所书院。自从大理学家、大教育家朱熹知漳州一年之后，漳州各县创办书院如雨后春笋，至晚清已多达一百余所，可见经传的贤良才俊数以千计。而赵家堡却没有一所书院。堡内有一称作"读书处"的小筑，因赵义别号辑卿，又名"辑卿小院"，无疑是赵义读书休息的去处。再说，这里仅斗室两间，园林一角，容不下几个学生，显然算不上书院。那么，赵氏子孙们在哪里读书？能受到何等教育？

这一追问，我似乎解开了心头的谜团：为什么自赵范父子之后，四百余年间，赵家堡不要说再出什么进士高官名流了，就是小小的举人和贡生也不见在赵氏族谱中露过头角。1980年之前，全赵家堡连高中生都凤毛麟角，更遑论进入高等学府了。赵家堡的贫穷落后，就在于不办教育吗？

当我的目光投向远处坚固的城墙时，我又意识到事情不会这么简单。那条像巨蟒一样把赵家堡紧紧围困住的城墙，很可能是一个极具象征意蕴的代表符号，也很可能是赵家堡悲剧命运的全部根源。

其实，又何止区区赵家堡？沿着伤痕斑斑的历史轨迹，我们不妨让思维的触须伸向远方：四百多年前，赵范父子建造了一座赵家堡，可供子孙们遮风避雨，苟活偷安，应当是造福千秋的大恩大德了吧。殊不知，这也许也是赵氏族群更大悲剧的开始。试想，就那么几百口人（赵氏的男婚女嫁，严遵祖训，长期囿限于黄、蓝、陈三姓高门大户，当地平民中再优秀的俊男靓女历来无缘走进禁锢的城堡，也许受DNA的影响，四百年来堡内平均每年仅仅添丁一口），被围城围在一个小小的土围子里，是何等自闭，何其寂寞，多么守旧，多么孤独！自19世纪以降，世界科技突飞猛进，现代艺术灿烂辉煌，种种信息花样翻新，与外界老死不相往来的赵家堡人，有眼未见，有耳未闻，有书未读，能不弱视而失聪？

自己被自己捆住手脚而窒息生机裹足不前，也不仅仅是弹丸之地的赵家堡。一个民族，一个国家，当它被种种有形与无形的围城围困着封闭着的时候，如井底之蛙，像爬行蜗牛，却又固步自封、自以为是，这样的例子还少吗？

二十五年后的初夏，我旧地重游。赵家堡已经被批准为国家重点文物保护单位，又被评为福建省十大最佳旅游景点。六百余口赵氏子孙，早已外迁漳州各地安居乐业。他们大都不再种地，有的从事海产养殖，有的当了花农果农，

有的在工厂务工，有的成为中小企业家。自20世纪90年代以来，已有十位赵氏子孙考上高校，一位正在攻读硕士学位。今天，我再次久久凝视赵家堡的千米围城，觉得它仿佛低矮了许多。因为早先遮挡视线的一些丘陵高坡，已经夷为平地，漳厦高速公路有如一条巨龙腾飞远去。早已走出赵家堡的赵氏子孙，一定会惊喜地发现，头上的天空是如此高朗，外面的世界是这样精彩。

聚佛宝塔 / 姚洪峰 摄

诒安堡又称诒安城，位于漳浦县湖西畲族乡城内村，是清初佐助朝廷收复台湾的一品功臣黄性震卸甲归田后，为抵御海匪侵扰和防范乡里陈黄两姓宗族械斗，于康熙二十六年（1687年）捐资主持兴建的，历时约一年半。

建成后的诒安堡，平面状如锁形，5米宽的护城河环绕，高耸的城墙环抱全城，城墙周长1200米左右，宽约2.6米（含跑马道），高约6.7米；其中跑马道宽约2.1米，采用石材砌筑。墙身外侧修筑女墙，宽约0.5米，高约2米，上设365个垛口，并于垛口附近凿多孔炮眼用于防御。

诒安堡开有东、西、南、北四座城门，四座城门大小不一，城门均为石砌券顶拱门，宽深均为4米左右。除北城门外，东、西、南三座城门上都设有单进单开间的城楼，城楼内侧采用木构建造，悬山顶抬梁式。四座城门皆有命名。南门为正门，城门上方嵌有石牌，刻"诒安"二字；东门名为"迎曦"；西门名为"毓秀"；北门名为"承庆"，北门在历史上曾多次倒塌，不常使用，长期处于封闭状态。城墙的东北、西北、东南、西南四个方位，分别设有四个角楼，宽深约3米，突出于城墙之外。

堡内有8条石铺通道，整齐有序，95座房屋坐北向南，鳞次栉比，整体格局呈现出中轴清晰、分区明确的特点。中轴线前部以大祠堂为起承，左右次第安排大房、二房等府第，中轴线中部以矩形的广场（大埕）戏台为转折，中轴线后部以诒燕堂及梳妆楼土楼为收分。堡内形成以中轴线为准、东西两侧布局的格局。东部片区偏重于居住功能，以学堂为中心，安排了54座民居；西部片区则偏重于公共服务功能，布置了宗祠、半月风水池等构筑物。

诒安堡于2001年与赵家堡一起被列入第五批全国重点文物保护单位，2016年入选第四批中国传统村落名录。

诒安堡内觅烟云

林登豪

走出赵宋王族凤子龙孙筑堡匿居的赵家堡，坐上面包车，才五六分钟，就见到一座清代典型的闽南民居古城堡。一打听，原来它就是与赵家堡并称"姐妹堡"的诒安堡。

这座城堡坐落在漳浦县湖西畲族乡城内村。她虽然被岁月的面纱掩藏在闽南的小乡村，近来却以自己的本色姿容渐渐走进人们的视野，吸引了不少游人慕名而来。这古堡早已成为全国重点文物保护单位，定格成时光中的文化风景，在与自然山水的秋波对接中，流韵四方。

清康熙二十六年（1687年），曾为收复台湾做出贡献而被授予军功正一品，历任广西按察使、湖南布政使和太常寺卿的漳浦人黄性震捐资兴建了诒安堡。该堡聚族而居，抵御寇患，优游生息，至今已有三百余年了。登高远眺诒安堡，只觉得处处折射出真诚周到的人文关怀和平静友善的和谐之美。

诒安堡平面作锁形，城墙以条石构筑，中间填土。墙上外侧建三合土女墙，开有数百个垛口。城墙内侧设有多处登城石阶。城转角设谯楼，用于瞭望和射

南门内广场／王立涵 摄

击。城堡有东西南北四个城门，正门为南门，城门上有匾，刻"诒安"两字；
东门刻"迎曦"；西门刻"毓秀"；北门刻"承庆"。东、西、南三门建城楼，
呈船形，单进单开间，内侧木构，楼顶台梁木结构，悬山顶，楼两边各设一组
登城石阶；北门没有建城楼，且长期封死。城内拥有八条石铺的街道，巷道分
明，井井有条，浑然一体。它严密完善的系列，构成长于攻防的军事城堡，给
族人增加了安全保障，维护一方平安。这与始建人是骁勇善战的武官有莫大的
关系，它轩昂地伫立，给了野蛮人和外族入侵者特别的警示，具有一定的威慑
力。好一座诒安堡，堪称中国古城池的缩影和活化石。

诒安堡之所以被称为"活化石"，是因为堡内当年建造的 95 座民房鳞次
栉比，至今仍保存完好，还有不少后裔居住。每排民房之间，都用石砌街道，
各条街巷纵横交通，井然有序。从城墙上俯视诒安堡，颇似古代的营盘，空间
溢出防御的氛围。

堡主黄性震于 1638 年出生，自小胸怀大志，决心长大后要做出一番事业。

半月风水池 / 夏日利 摄

12岁时，他双亲相继辞世，虽然生计艰辛却顺时应变，发奋读书。史书说他"读史遇豪杰崛起事，声色俱动，隐然自负"（《福建通志》卷三十四），而黄性震所处清王朝动荡的年代，又为他施展才能、实现抱负提供了机遇。

1662年初，在闽粤沿海坚持反清复明活动的民族英雄郑成功，率军驱逐了荷兰殖民者，收复了台湾。但仅过五个月，郑成功病死台湾岛，其子郑经继位。黄性震曾经以汉人的身份，投奔郑氏政权，参加反清斗争。

当时正处于郑氏政权统治的后期，政治腐败，财源枯竭，连年摊派重税，强行抽调百姓当兵，怨声载道，危机四伏，民心涣散。显然，郑氏政权失去了民心，难以实现郑成功统一中国的遗愿，而清王朝统一天下已成大势所趋。黄性震审时度势，毅然弃郑归清。康熙十七年（1678年）六月，浙江人姚启圣出任福建总督。他坐镇漳州，积极筹划策反郑经势力，但一直"未得良策"。黄性震闻讯感叹"是男儿立功之秋也"，于是"仗剑谒军门"，向姚启圣陈述了"平海十便"（《漳州府志》卷三十二），也就是攻取台湾的十项措施。

由于事郑多年，黄性震对台湾岛上的政局、闽台的战略要地与军事形势等了如指掌。他在上书中建议采取"攻心"战术，但是怀柔政策的施行，又不可操之过急。因为不久前，倾泻的战火助推郑经连续攻陷了海澄等地，此时他正在为暂时的胜利而骄横。如果这时"骤抚之，是示弱也"，应该"伺间出奇兵大挫其锋，收诸要地以蹙其势。师丧地蹙，孤岛难恃，然后抚而怀之，其心乃离，澎、台可一战下也"（《福建通志》卷三十四）。姚启圣依计派兵收复了平和、漳平、长泰、同安等失地，一举扭转了清军在福建战场不利的局面。

军事方面的初步胜利，为政治上的分化、瓦解创造了必要的条件。黄性震受命主持招抚活动，取得了很大成效。投诚者络绎不绝，每日达到数百人。据《明清史料》等史书不确切统计，前后共招降郑方官兵百姓13万多人，被瓦解走散的尚不在其列。攻心化敌为友，严重削弱了郑氏政权的军事力量。康熙十九年（1680年）春，郑经在清军的围剿下，被迫放弃厦门、金门两岛及在大陆的其他据地，逃至台湾孤岛，于次年积郁病亡。黄性震出于争取民心的深虑，极力反对诛杀滞厦的郑氏人员及其子女，极力阻止剥夺其资财犒劳清军部将的做法。他请求发出有关禁令，使数十万人免于罹难。此后，姚启圣继续采纳黄性震的其他建议，以政治斗争配合军事斗争，终于在康熙二十二年（1683年）六月收复台湾，完成了统一，从而也确立了黄性震这位智勇双全的将领在清朝的地位。

我独自跨进南门内的大宗祠堂，只见正堂面阔三间，进

治安堡全景／伦宇 摄

家庙 / 夏日利 摄

深三间，祀始祖黄峭公。祠堂庑廊左右分别立一座青石碑，右侧石碑题为"大方伯黄公建置金浦湖西治安堡家庙、义学、祭田、学田、义田碑记"，是黄性震门生、江西御史钱三锡书丹，承德知县鹿廷宣篆额；左侧石碑上刻"贻厥孙谋"印，是清代著名书法家、黄性震门生查升书丹，汪虬篆额。两石碑的图案、刻工保存完好，尚属罕见。祠堂前建有围墙，城北门内建三层三合土结构的方楼，俗称梳妆楼，供族中女眷居住。楼与祠堂之间为空旷的场地，不允许出现建筑物。中轴线偏西处建小宗祠堂，是黄性震专为奉祀诸先祖以及祖父而建，其结构一如大宗。庑廊中也立有石碑，称小宗祠堂碑，碑额刻"以示景福"，亦为查升书丹，广西监察御史杨敬儒篆额，记述了黄性震建造城堡的经过。小宗祠堂前建10米宽的砖埕、围墙，前为开凿半月形的风水池，池水与护城河相通。斜阳下，古厝楼影悄然伫立，默默承受历史烟云的洗礼。

石板街 / 陈燕 摄

我登高鸟瞰，诒安堡屹立于湖西盆地的中央，四面群山环抱，前方层峦叠嶂，左为巍峨的丹山，右为尖耸的鼓志山，背依玳瑁山，悬崖怪石，映入湖溪畦田，倒影婀娜多姿。西部的院内、南部的曹厝以及北部的张坑三支溪流，在九墩桥经官塘溪交汇后，从狮山、象山出口，流经后溪、赤湖，最后注入东海。诒安堡周围山高岭峻，林茂水绿，三座城门形似战船，面向三支溪流，直接汇入东面的大海，犹如楼船启航出峡，隐喻了黄性震平台功绩。恢宏的诒安堡，在清王朝几百年跨度的钟摆间，抓住有利的战略时机，寻找到本族繁衍生息的智慧，积淀出自身浑厚的文化历史。面对堡民生存的历史轨迹，我在这片时空中远眺良久，迟迟不肯离开，深感到守望和解读的沉甸甸……

城墙 / 夏日利 摄

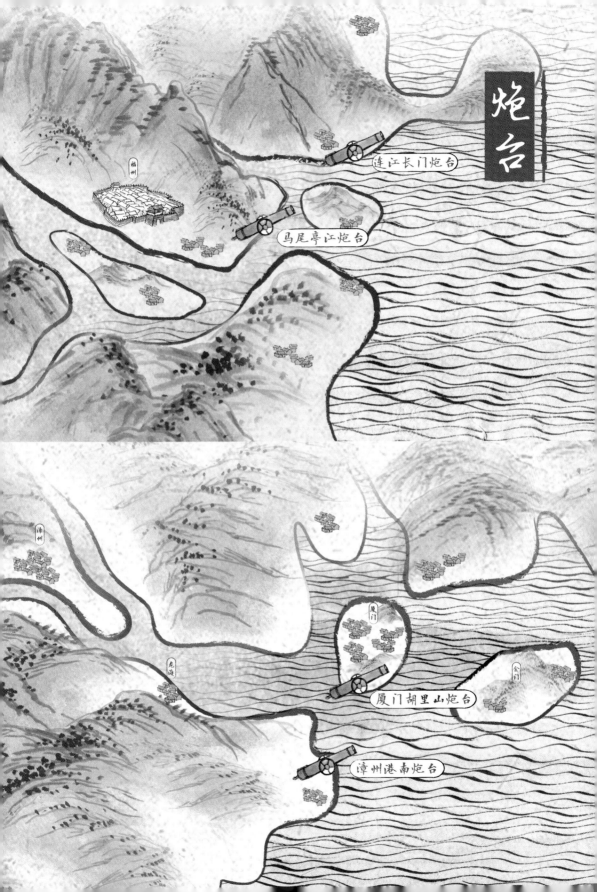

炮台

连江长门炮台

马尾亭江炮台

福州

漳州

厦门

龙海

厦门胡里山炮台

金门

漳州港南炮台

马尾亭江炮台

亭江炮台又称"南般北岸炮台"，位于福州市马尾区亭江镇南般村，与长乐的象屿炮台相互呼应、扼守闽江，形成闽江口第二道防线。

亭江炮台始建于清顺治十四年（1657年），光绪六年（1880年）前两度重修。光绪十年（1884年）爆发的中法马江海战中，法国远东舰队在马尾港突袭福建水师，法军在上游登陆后，包抄攻占并摧毁了包括亭江炮台在内的闽江沿岸诸炮台。光绪十二年（1886年）在署理船政大臣裴荫森奏请之下再次重修，并于光绪二十年（1894年）增建山顶主炮台。经多次重修增建后，构建了由江岸平射炮台、山腰前沿炮台、山顶主炮台、山后弹药库和运兵通道等组成的亭江立体防御体系，总面积超过3000平方米。

山顶主炮台建于高约20米的小山顶部，炮台为半圆形，通宽25.4米，内径18.2米，进深10.2米；炮位紧靠高1.8米、厚3.3米的胸墙，直径3.4米下陷式圆形架炮坑后安置同心圆环形导轨槽，上架一门210毫米口径克虏伯后膛炮。炮台与山后弹药库之间有暗道相通。山腰悬崖边建有左右两座前沿炮台，之间依托暗道连通，上覆三合土顶板；设置有4个炮位的江岸平射炮台位于山脚下闽江边，建有棱堡式护墙和掩体通道。

1996年，亭江镇人民政府组织技术队伍对炮台进行重修，从遗址中挖出三门土炮，后暂寄存于马尾中法马江海战纪念馆。

亭江炮台于1991年被列入第三批省级文物保护单位，2013年被公布为第七批全国重点文物保护单位。

链接：

克虏伯大炮：原称Krupp大炮，是由德国克虏伯家族在19世纪生产的纯钢大炮，以品质优良、操纵灵活和快速射击的先进战技指标享誉世界。1871年由李鸿章引入国内，在我国近代海防战役中发挥了重要作用。

炮台萧萧芦荻柔，青山不老闽江流

尚光一

　　走入福州市马尾区亭江镇的亭头南般村，镌刻着"亭江炮台"四个大字的照壁映入眼帘，字的四周还围绕着五个古朴的铜炮，一种历史沧桑感扑面而来。亭江炮台，也称"北岸炮台""南般炮台"，是全国重点文物保护单位。据史料记载，其始建于清顺治十四年（1657年），清道光、光绪年间曾多次重修。目前，亭江炮台仍存有山顶主炮台、山腰前沿炮台、江岸平射炮台、弹药库、运兵通道等设施，是闽江下游保存较为完整的一座炮台。

　　就原本功能而言，亭江炮台是一座典型的近代海防江岸炮台，与长乐的南岸炮台隔江对峙，相互呼应，扼守闽江，是近代闽江口海防体系的第二道防线。亭江炮台经历了鸦片战争，参与了中法战争，也走过了抗日战争，见证着时代的风云变幻与历史的沧桑悲怆，在一次一次的硝烟弥漫中，变成了如今的

亭江炮台 / 唐伟 摄

残破模样；而累累的伤痕，也见证着旧日国家的软弱受欺与奋起反抗。如今，亭江炮台如同一位饱经世事的老人，静静地坐在闽江边上，默默无语，面对着又一季的春花烂漫。

　　沿山路攀援而上，可以发现，修缮后的亭江炮台陈列了出土的红夷大炮和仿制的克虏伯大炮，尽可能地还原炮台的原貌，重现这一扼守闽江口的海防重地往日的威严。其中，从弹药库通往前沿炮台的坑道，目前虽仅残存约20米，然而跳入其中，走在仅仅一人高的坑道里，依然可以体会到风云变幻的岁月里将士们在炮火中猫腰疾行、躲避弹片时的惊心动魄。坑道尽处为前沿炮台，前沿炮台是两座相连的暗炮台，位于主炮台前方的临江山坡上。炮坪由山体中掘出，并用枕木三合土做屋面，隐蔽而浑厚。两座暗炮台各配有四门火炮，用于定向攻击近距离江面和岸边目标，以掩护山顶炮台的安全。现在架设在前沿炮台的两尊红夷大炮，铸造于鸦片战争期间，是2013年进行炮台修缮时，由前沿炮台原址发掘出土的。抚摸其凹凸不平、锈迹斑斑的炮身，好像不经意掀开了中国近代屈辱历史的扉页，令人感到沉重而冰凉。

山顶主炮台 / 唐伟 摄

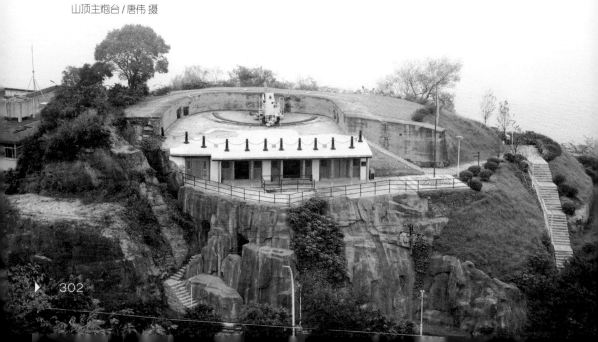

这两尊红夷大炮，长约 3.5 米，最宽处直径 60 厘米，炮口呈喇叭状，炮身铸刻着铭文，铭文为"道光二十一年仲冬奉总督闽浙部堂颜，钦差大臣怡，……铁炮重六千斤"等短短几行字，言简意赅，将铸造时间、重量、铸造人员、督造官员、监造官员、铸炮匠首等信息——列出，似乎诉说着曾经的身世和本应有的荣光。翻阅史料，这两尊红夷大炮是鸦片战争期间由闽浙总督颜伯焘在任内所铸，曾是寄托着战胜英夷期盼的重器。同批铁炮还有泉州、厦门等地铸造的三千斤、两千斤不等的规格，制式基本一致，铭文也大同小异。不过，亭江炮台的红夷大炮是当时同批铁炮中最大最重的两尊。可以想象，当这两尊威风凛凛的红夷大炮在炮台上被架设起来时，围绕近旁的官兵民夫那种"天朝上国"的自负油然而生，一种看谁胆敢犯天威的豪情气冲霄汉。然而，殊不知，当时被目为蕞尔小国的英国，已完成了第一次工业革命，带着蒸汽时代的强悍，正由另一个时空中劈波斩浪而来，并将自更高文明中孕育的炮口，朝向农耕民族引以为傲、自诩固若金汤的炮台。虽然，鸦片战争中闽江口没有战事，然而厦门湾的震天炮火，其实预示了亭江炮台的必然宿命。史载，1841年 8 月，由载炮 310 门的 10 艘军舰、载炮 16 门的 4 艘武装轮船，以及 22 艘运输船组成的英国舰队，搭乘着约 2500 名士兵，如饿狼扑食般朝厦门驶来。8 月 25 日晚，英国舰队穿过外围岛链，驶入厦门南水道。8 月 26 日下午 1 时，英国舰队冒着厦门岛南岸、鼓浪屿、屿仔尾上清军的炮火，直趋鼓浪屿。下午 3 时左右，英舰"布朗底"号等 3 舰打哑了清军在鼓浪屿上的 3 座炮台，随即英军在鼓浪屿最东处炮台的右翼沙滩登陆，并迅速占领了全岛。此后，英舰"摩底士"号、"布朗底"号又强行突入厦门西水道（即内港），打哑了沿途清军各炮兵阵地，并俘获该处停泊的已基本完工的 26 艘清军战船。下午 4 时左右，厦门岛南岸炮台等阵地宣告失守。8 月 27 日清晨，英军占领厦门城区。经此一役，"天朝上国"的威严已如梦幻泡影，正如红夷大炮曾在明天启六年（1626

年）宁远之战傲视千军的豪迈终成历史的烟云。当时，浙江巡抚刘韵珂沉痛奏报："夫厦门、定海、镇海三处守御事宜，皆聚全省之精华，殚年余之心力，方能成就，实非易易，而该逆乃直如破竹。盖其炮火器械，无不猛烈精巧，为中国所必不能及。"而在领教了蒸汽文明的威力之后，曾有"无敌可剿，恨故不来"之语的闽浙总督颜伯焘，私下也不禁感慨"英夷船坚炮利，纪律禁严，断非我师所能抵御"（张集馨《道咸宦海见闻录》）。后来接替颜伯焘继任闽浙总督的怡良，是林则徐密友，又是高调的主战派，然而在私函中也不得不承认"夷务不可为，闽事更不可为，兵不可撤又不可留，真无如何"（茅海建《天朝的崩溃》）。或许，前沿炮台上静默的这两尊红夷大炮，正以无声的方式告诫着后人，绝不能固步自封、隔绝于世界潮流之外。正如沙子龙夜静人稀时一气刺出六十四路"五虎断魂枪"，却也只能摸着凉滑的枪身说："不传！不传！"（老舍《断魂枪》）历史的悲凉感，或许正在于此。所有曾经强大的，都会被取代，在世界大潮的一波又一波冲击下，任何闭门独尊的自负都会被碾成细沙，时光中留下的只能是文明进步本身。或许，鸦片战争这一惨痛教训中也蕴含着积极的意义，就是用火与剑的形式，使国人明白必须顺应时代发展的浩荡潮流。

自前沿炮台向上攀爬，不多时就到了山顶炮台。山顶炮台为明炮台，也是亭江炮台的主炮台。山顶炮台设有一个炮位，周围同样由三合土夯筑，呈半圆护墙式样，共长 36 米，前后深 10 米，左右宽 16 米，高 1.88 米。不过，与前沿炮台不同，炮位上蹲踞的是威武的克虏伯后膛钢炮，其 210 毫米口径炮口朝向闽江江面，射界方位角度约 120 度，可以攻击中远距离的江面目标。这一由异域进口的海防重器，又揭开了另一段历史记忆的面纱。

史载，因法国在越南北圻至中越边界战场上屡次遭挫，于是派出由海军中将孤拔率领的远东舰队，意图攻占福建马尾和台湾基隆等地，以作为向清政府敲诈勒索的筹码。在这一情势下，1884 年 8 月 23 日，中法爆发了马江海战（又称闽江口海战）。当天下午 1 时 45 分，停泊在马江（马尾）水面的法军 8 艘军舰、2 艘鱼雷艇突然向福建水师发起攻击。福建水师对法国舰队展开英勇还击，但由于准备不足，加之装备落后、火力处于劣势，多数军舰未及起锚就被法国军舰击沉。不到半小时，福建水师的 11 艘军舰（扬武、济安、飞云、福星、福胜、建胜、振威、永保、琛航 9 舰被击毁，伏波、艺新 2 舰自沉）及运输船多艘沉没于闽江口，官兵 760 人殉国，而法军仅 5 人被击毙、15 人受伤。海战中法军还摧毁了马尾造船厂，福建水师宣告全军覆没。后来，借着广西镇

江岸炮台/唐伟 摄

305

南关大捷的余威，清政府才勉强取得一个不赔款、不割地的停战条约。而正是在此次海战中，山顶炮台被法军炸毁，次年才得以重修。再后来，在抗日战争中，山顶炮台又遭日寇飞机狂轰滥炸而损毁，以致最后彻底废弃。

今天，站在山顶炮台极目远眺，浩浩汤汤的闽江缓缓东流，巍巍连绵的青山环列两岸，似乎呢喃着国运的兴衰与世事的变迁，告诉我们不应忘记，正是一批又一批为了民族复兴而前赴后继的仁人志士不甘沉沦、屡败屡战，才最终有了今天和平发展的宝贵环境。昔人已去，硝烟退散，但碧血千秋，忠昭华夏。萧萧芦荻声中，亭江炮台沉默无语，但自强不息的民族精神将与我们一道走入大国崛起的新时代。

山顶主炮台的克虏伯大炮 / 唐伟 摄

连江长门炮台

中共长门炮台支部遗址

土地革命战争时期，中共福建省委军委重视"兵运"工作。1930年1月，军委委员何利生利用同宗关系与长门炮台国民党海军陆战队何楚营长认为兄弟，在炮台士兵中发展三个党员，组建长门炮台党支部，省军委任命何利生为书记，1931年1月底，发动士兵开展"闹饷"斗争。此后，因设在厦门的省委机关被敌破坏，何利生身份暴露被捕，英勇就义，炮台支部瓦解，兵运转入低潮。

抗战时期，长门炮台又是扼击日军进犯闽海的要塞。1938年后连续遭到日军飞机的疯狂轰炸，守军顽强抵抗，直至1941年4月沦陷时自毁弹药库后撤退。

连江县人民政府 二〇一五年八月立

长门炮台位于连江县琯头镇长门村电光山顶，始建于明崇祯年间。重建于清顺治十四年（1657年），在长门设提督统领衙门，建有练兵校场、兵营、弹药仓库等设施。光绪八年（1882年），将土炮台改建重修，始具规模，架设德国造克虏伯炮5门（口径210毫米1门，170毫米4门），土炮数门。

在光绪十年（1884年）的中法马江海战中，长门炮台发挥了重大作用，先是击伤法军重型装甲战斗舰"拉加利桑尼亚"号，而后抵挡住了登陆法军的进攻，使法舰出闽江口后未敢再次入侵。马江海战后，清政府吸取惨败教训，在重修长门电光山主炮台时，增大了炮眼角度以扩大射界，加强了要塞的陆地防御。重修后的炮台为圆形堡垒式要塞，直径约95米，占地面积约7500平方米。炮台的围墙基座采用花岗岩大条石砌就，三合土夯筑的围墙厚0.8米，最高处6.5米。炮台分为高低两层平台，进西侧正门为低台，低台内建有营房、掩体和练兵校场，三合土顶盖砌成的望楼和掩体居于高台中间，两侧为圆弧形旋转炮位，相距16.3米，各安放一门280毫米口径克虏伯后膛炮。炮位铺设直径7.1米圆形铁导轨，炮位防护墙前方辟有9米宽的壕沟，用以滑落敌弹。炮位后侧有高约2.3米、宽约1米的运兵坑道与低台的掩体相通。长门炮台配备官兵145人，统辖电光山、划鳅、烟金（烟台山、金牌山）、岩石、闽安6座炮台。光绪三十年（1904年）撤废。

民国时期，长门炮台重新布防，成为闽江口要塞的重要组成部分。抗日战争期间，炮台多次遭到日本军机轰炸和军舰炮击，但仍顽强阻击日军，击中日本侵略军驱逐舰11艘，击沉敌军汽艇2艘，以强大火力压制登陆川石之敌，支援福斗、琅岐岛我军阻击敌人。后被敌机轰炸，损失惨重，不得不自毁炮台及弹药库后撤退。

1949年中华人民共和国成立后，长门炮台被划为军事驻防要地，直到改革开放后才撤防转隶地方管辖。1991年被公布为第三批省级文物保护单位。

🔏 长门炮台之余响

萧　何

对长门炮台的印象，最初是来自有关福州乡土的文字。后来，为了编写《嘉
登琅岐》，多次登上家乡凤窝村的金牌山，因为金牌山上也有炮台。史料记载，
金牌山炮台在闽江入海口的最窄处，与连江的长门炮台构成掎角，是保卫福州
的军事要地。再后来，读到马江海战中法军将领孤拔座舰在此处被两岸炮台炮
火击中而命丧澎湖的故事，对两岸的炮台自然也生出了不少的敬意。金牌山上
的炮台后来被日军炮火摧毁，现在剩下的只是一个遗址，而对岸的长门炮台，
因为遗迹保留比较完整，经过整修，成为了省级文物保护单位。远远望
去，乌黑的炮筒依然在绿色山头笔直挺拔，很有些气势，只是一直

长门炮台围墙 / 林丽钦 摄

没机会去近身抚摸一番。

一个周末，我准备去一探长门炮台。经过长门村，顺着村人的指点，很快到了半山腰，看到了一隧洞。隧洞宽约三米多，长约二十五六米。过了隧洞，沿着左边石阶而上，转过一个弯，是一个开阔的平台。平台修有箭垛型的矮城墙，彩色的清朝龙旗在迎风招展。隧洞实际上就在这平台的下方，与炮台、指挥部、旗台顶、礼台等周围建筑连在一起，都是古长门炮台的重要组成部分。

再沿着上山的石阶往上，一块红色的写着"弹药库遗址"的说明牌子非常醒目。介绍说，炮台的北墙开有小门，原来有一条通往大兵营的小路，途中的西面就是弹药库。弹药库设在这样隐蔽的位置，且又是士兵上下山的必经之地，显然是很科学的。再往上十来米，一堵看似坚硬无比的围墙映入了眼帘。围墙的基座是坚实的花岗岩条块石，在阳光下透着坚韧。最底层石块是四方形的，一块挨着一块；第二层是长方形的；第三层又是四方形的，也是一块挨着一块，所不同的是，上方是一大片沉淀了百年风雨的糯米灰夯土墙。因为炮火的洗礼和硝烟的熏染，黑灰色的墙体成了这一段百年峥嵘岁月的见证者。

围墙中有一道小门，应当就是北门。入了门，看到的是写满愤懑与屈辱的一地残垣断壁，而不远处的围墙有新修补的痕迹，想必，这些残垣断壁就是当年的遗存了罢——这也是保护文物让文物说话的很重要的手法之一，留下了残垣断壁，也就留下了历史沧桑。再一看周遭的围墙，比我想象的要高大得多。

史料记载："长门炮台的营垒直径约 95 米，墙高 12 米，厚 1.5 米，周长近 300 米，占地 50 亩，配官兵 145 名。"但今天放眼望去，占地似乎远不止 50 亩，因为目之所及，炮台的东南面是浩浩荡荡的闽江，传说中的双龟正在戏水，对岸则是自己多次登临的金牌山炮台。开阔的台地上，有两个大炮台位，三合土的底座和弧形钢轨据说都是原物，只是一个炮台上架着一尊大炮，而另一个炮台则只有底座。四周的场地上，还有若干门小炮，似乎在拱卫着这两门主大炮。

炮台所需的战壕、坑道、水池、掩体、弹药洞等军事设施也还留有当年的模样。

　　长门炮台的实际位置是在连江长门闽江口北岸的电光山顶。清人萨承钰在《南北洋炮台图说》中这样描写此地："左接琯头，右通焦尾，前控金牌壶江，后枕大坪东岱，五虎排牙，两龟守口，洵为天然保障也。"现在，福州的四环通道，正是通过在这个闽江入海口的最窄处（大约380米）架设了一座闽江长门大桥而得以闭合。长门大桥就像一位巨人，一手搭在长门炮台右边的手臂上，而另一手则抓住金牌山的腰带。大桥已进入装修阶段，通车指日可待。

　　据记载，长门炮台设置的是连环炮台，装备的是德国、英国造的快炮10多门。其中主炮台配备的是280毫米后膛海岸炮2门。当年，全国只有4门这样的炮，另外2门配备在厦门胡里山炮台。原来，长门炮台是目前中国现存最大最古老的炮台，始建于明崇祯年间。清顺治十四年（1657年）重建，并在

克虏伯后膛炮 / 萧何 摄

长门炮台全景／王成耀 摄

长门相继设有提督统领衙门、校场、兵营，使之成为了一个重要的军事要塞。共统辖电光山（即长门）、划鳅、烟金（烟台山、金牌山）、岩石、闽安6座炮台，此外还有一处寨城——长门寨城，以及水雷营等。光绪六年（1880年），长门炮台成为了"闽口要塞总台部"，统辖闽江口各炮台兼带陆营。

眼前主炮台的这尊大炮，身躯硬朗，脚底下的滑轨似乎也没有生锈，炮口发出幽森的光，目标依然锁定闽江口入海处。炮筒的下方刻着"公元1891"的字样。请教了专家才知道，长门炮台当年确实有两门制造于1891年的德国克虏伯大炮，1892年运到这里安装。但后来都被日本人炸毁了。今天我们看到的是当地人在十多年前筹资仿造的大炮局部。

据记载，光绪十年（1884年）七月初三（8月23日），法国远东舰队以"游历"为名开进了马尾港，意欲图谋不轨，但朝廷腐败无能，在法舰突然掉头开火时，福建水师仓促应战，几乎是顷刻间全军覆没。或许是因为两岸军民的奋起反击，或许是法国人做贼心虚不敢久留，没过几天（8月26日），法舰撤出了马尾，在撤出闽江口时，一路轰击闽江两岸的炮台。可惜，两岸炮台的炮口都是朝向闽江口，而且炮位是固定的，无法攻击从上游来的敌舰，由此几任福建督抚苦心经营的看似壁垒森严的闽江海防体系毁于一旦。因此，有的文字说，法军孤拔是在退出闽江口时被长门、金牌山两岸的守军炮火击中的，这样的叙述显然不准确。倒是有文章写道，光绪十年（1884年）七月初九，法军装甲舰从台湾开到了闽江口，长门炮台守军猛烈反击，重创法舰。法军远东舰队司令孤拔所乘的旗舰也被炮火命中，孤拔受伤，最后死在了台湾澎湖。

关于孤拔的死因，史学界有诸多说法，不一而足，在闽江口被击伤只是一说。笔者倒是觉得，他的座舰不是在从马江海战中退出时被击中，而是在攻打沪尾无果后转到闽江口，想再次进入福州时，被奋起反抗的长门、金牌山守军击伤。这一说，可能更接近于事实。据说法军退出闽江口时，企图摧毁长门和金牌山炮台。金牌山炮台军事设施被摧毁，但长门炮台因炮台坚固和守军奋勇坚守还击而得以保全，"巨炮五尊无一损坏"，也才留下了之后能继续开火的本钱。

没有经过战火洗礼的军事建筑，充其量只能算是一个古建筑，而长门炮台就不一样。因为有了长门的炮声，失利的马江海战才有了一些振奋人心的力量。1884 年，上海《申报》以"福州捷报"为标题，刊发了有关马江海战的消息，以白描手法呈现战斗场景栩栩如

炮台外墙／萧何 摄

生，很能长国人的志气。光绪皇帝朱批的《呈长门等处击翻法船毙敌获械尤为出力文武官员弁请奖衔名清单》，长达 12 页，约 5000 字，表彰人数达 711 人。（有关史料现存故宫博物院）画家还在《申报》上绘制了以"长门捷报"为主题的彩色年画，广为印发宣传……

炮台围墙的西口，还有一道小门。一条规整的青石板路蜿蜒而下，这应当就是原来上炮台的主通道。门口有数面石碑刻，其中有一块是"中共长门炮台支部遗址"石碑，碑文写道："土地革命战争时期，中共福建省委军委重视'兵运'工作。1930 年 1 月，军委委员何利生利用同宗关系与长门炮台国民党海军陆战队何姓营长认为兄弟，在炮台士兵中发展三个党员，组建长门炮台党支部，省军委任命何利生为书记。1931 年 1 月底，发动士兵开展'闹饷'斗争。此后，因设在厦门的省委机关被敌破坏，何利生身份暴露被捕，英勇就义……"

"大地耸巍峨，环列群山皆壁垒；雄关严锁钥，天然砥柱挽狂澜。"这是闽江口长门主炮台上前人留下的一副楹联。当年，林则徐从云南总督离任返回

福州，针对当时的形势，提出修建闽江两岸炮台的建议，并于 1850 年 3 月驾小舟对闽江口两岸的海防进行考察。据说，林则徐看到这副对联大加赞赏。我为有何利生这样的一位革命宗亲而感到自豪，但查询手边的有关资料，无法再得到与之有关的其他任何信息，不由得有些怅然若失。只好写下了这样几句感言：

海战马江硝火烈，长门炮响雪深仇。

几多英杰无寻处，如许残垣话不休。

双石沉浮迎内外，一桥飞跃架春秋。

山河锦绣当呵护，闽水家园梦里游。

一桥飞跃长门／萧何 摄

漳州港南炮台

南炮台坐落于漳州龙海市港尾镇石坑村屿仔尾东南临海的镜台山上，在厦门港南岸，又名"屿仔尾炮台"。炮台濒临东海，雄踞山巅，与厦门胡里山炮台形成了南北夹击之势，并称为"天南锁钥"，自古以来就是我国东南沿海的军事要塞。

南炮台始建于清道光二十年（1840年），最初建造的屿仔尾炮台位于今南炮台北侧。当时因林则徐开展禁烟运动，闽浙总督邓廷桢为御侮备战而增筑炮台。因形势紧迫，最初建造的南炮台以炮墩代替炮台，极为简易。但仍在1840年的抗英保卫战中击退了英国舰队。

清同治十三年（1874年），闽浙总督李鹤年向清廷奏请在屿仔尾仿筑西式炮台并获批。但因缺乏资金，直至光绪二年（1876年）才在福建水师提督彭楚汉的努力下才始劲工修建。炮台修筑历时一年，于光绪三年（1877年）竣工。光绪十年（1884年），南炮台增加一门170毫米的现代克虏伯后膛大炮。光绪十七年（1891年），炮台再次进行扩建，改建炮台，增筑附属设施。

南炮台现由山顶炮台和北部山体上的防御设施组成。山顶炮台保存较完整，包括主炮位、南北辅炮位、弹药库，兵营、官厅、演武场等。炮台平面呈南北向椭圆形，暗堡式结构，外部以城墙环绕。炮台围墙周长约245米，可分为两部分：围绕主、辅炮位部分的东北面、东面、东南面城墙高约7.25米，墙厚约1.5米，与炮位本体结构融为一体。西面后部围墙厚约2.85米，墙上设置73个垛口，并在城墙顶部内侧设置跑马道。南炮台主炮位位于炮台中部偏东，为露天炮位；南北辅助炮位分布于主炮位两侧，均为暗炮位，以三合土夯筑，外层以规整花岗岩条石围护。官厅建筑主体损毁，仅余部分台基和墙体。位于炮台西部和西北部的兵营尚余11间，但损毁严重。北部山腰处的防御设施，现仅余部分夯土墙体，西北走向，残墙长约15.6米。

南炮台的军事设施保存较为完整，在清末的海防战役中发挥了重要的作用，有着较高的历史价值、军事价值和独特的建筑艺术价值。1987年被龙海公布为县级文物保护单位。

🏛 南炮台往事

陈子铭

　　清道光十九年十二月，即 1840 年 1 月，刚到任的闽浙总督邓廷桢下令，在九龙江口海湾地区屿仔尾的镜台山和厦门岛南岸修筑炮台。这两座炮台，就是我们常说的南炮台和胡里山炮台。它们扼守的海湾，也就是今天的厦门湾。

　　在大航海时代，这里是繁盛的民间海洋贸易区。明隆庆元年（1567 年）大明王朝在月港开放洋市后，月港以唯一国家允许的民间商人外出贸易口岸的地位，成为中国东南沿海海洋贸易中心和东南亚的航线枢纽，直接参与全球经济，进行丝、瓷、茶叶贸易，使中国进入白银时代。大量白银流入中国，维系王朝的经济命脉。

南炮台全景／李淑芬 摄

山顶炮台/李淑芬 摄

18 世纪 60 年代起，英国人经过工业革命，国力日增，需要夺取更多的原料产地和市场以消化它强劲的生产力。在中国，取得通商自由权利，是扩大市场的必需。鸦片贸易，则是抵消入超的手段。

小小的鸦片，轻而易举地扭转了持续二百年的全球白银流向。大清王朝的金融秩序开始出现混乱，市场银荒，财政枯竭，而军队的战斗力消化于无形。

道光皇帝感觉大事不妙，1838 年 12 月 31 日，派出最得力的大臣林则徐出任钦差大臣。次年 3 月，林则徐抵达广东，与他搭档的是当时的两广总督邓廷桢，也是一位坚定的禁烟者。6 月，虎门销烟，这是一次影响历史的重大事件。接下来，战争变得不可避免。

英国人派出 40 艘军舰，4000 多名陆军士兵，从印度港口起航，越过海洋云集广州珠江口。

此前，道光皇帝大约已经感觉到战争的危机正在一步一步迫近，邓廷桢被紧急调任闽浙总督。皇帝期待两位忠心的大臣牢牢把住浙、闽、粤、桂的海上门户。

仿制的克虏伯大炮 / 蔡鹏程 摄

邓廷桢上任伊始，即着手整饬军务。胡里山、屿仔尾（即南炮台）那些炮台就是在这个时期建成的。

当邓廷桢在福建积极备战时，1840 年 6 月 28 日，战争在广州爆发，这就是历史上的第一次鸦片战争。随后，英国舰队一路北上。

英国军队挟工业革命成果，与差不多处于冷兵器时代的中国军队较量，拥有巨大的优势。这使清军在整个战争中的总体表现有些让人失望，即便两个总督奋力弥补战争短板，而中国士兵的献身精神也可圈可点。

九龙江海湾地区迎来鸦片战争的初战。

7 月 3 日，英国舰队抵达厦门港，沿岸炮台与英舰"布朗底"号交火，双方互有损伤，但都宣称自己取得了胜利。接下来的 8 月 21 日、22 日、24 日，两岸炮台与英舰多次交手。26 日，英舰离去。

南炮台围墙 / 林漳生 摄

英国人的战略意图应该是，以军舰封锁珠江口、九龙江口、宁波港、长江口，从而控制中国经济的战略要害，令清政府就范。

发生在九龙江口海湾地区的那两场战斗，算是整个战争的一个环节。随着整个东南形势急转直下，皇帝和朝廷的信心早已支离破碎。9月2日，林则徐和邓廷桢被革职流放。朝廷以为这样可以平息英国人的怒火。但他们期待的和平没有降临，英国人的舰队回航时仍然在珠江口集结待发。

而中国人也在备战。1841年2月，新任闽浙总督颜伯焘抵达任所。3月2日，进驻厦门。

8月11日，英国舰队再次北上。25日，英舰抵达厦门港外。26日下午1时许，攻击开始。

总督颜伯焘指挥厦门岛南岸、鼓浪屿、屿仔尾炮台齐射，三面兜击。不过清军的军事技术和战争理念一样落伍。当英舰轻快地掠过屿仔尾水面，炮台射出的弹丸耗尽气力后在它们的尾迹上溅起漂亮的水花，战斗变得没有悬念。下午3时或4时左右，英军已经在鼓浪屿和厦门岛南岸石壁炮台东侧海滩登陆。次日，厦门沦陷。隔岸的火光和军火库被击中时的爆裂声想必让南炮台一声叹息。

是役，中国守军死亡370余人，英国人伤亡17人。厦门港发生的战斗，只是鸦片战争的一个环节。当中国东南沿海防御体系雪崩般塌陷，帝国的黄昏已经降临。

1842年8月29日，在长江口的英国军舰"康华丽"号上，中英《南京条约》签订。英国人如愿以偿地获得他们想要的。

1840年发生在中国东南沿海口的这场与鸦片有关的战争，是古老的东方大国与新兴的西方强国的第一次正面对决。采用不同生产方式的东西方两大经济体在全球化浪潮中激烈碰撞，古老的华夏一夜间失去了郑和时代的荣光。军事颓势加速贸易颓势。五口涌商后，中国踉踉跄跄地走进近代社会，随着欧洲近代工业产品潮水般涌入中国市场，中国的自然经济走向崩溃，从此天朝梦碎，苟延于列强之间。

鸦片战争后不久，又是一次鸦片战争，然后是太平天国运动，然后是洋务运动，总是一次重创之后，又一次不甘沉沦。

1891 年，即光绪十七年，南炮台开始真正意义上的军事近代化转变。三年后，胡里山炮台接到同样的任务。炮台按照西方军事标准和兵工构筑技术，被扩建成今日我们所能见到的模样。整个炮台拥有城堡、兵舍、战壕、弹药库、练兵场，兵器森然罗列，号令严整威武。从德国订制的克虏伯大炮的主炮，射程十余公里，耗银十余万两；三门阿姆斯特朗炮，作它的副炮，幽黑的炮口昂首向海，仿佛是王朝重振的意象。

南炮台建成第三年，中日甲午海战爆发，代表中国近代军事科技成果的北洋水师和那个时代的海军精英折戟沉沙。

再过 16 年，王朝覆灭。

军事技术拯救不了一个国家，北洋水师的命运是这样，南炮台的命运也是这样。

南炮台从第一次鸦片战争爆发那一刻起，伴随着这个国家在近代社会的整个历程，亲历这个国家的苦难和为梦想所做的努力。

克虏伯大炮没有成为美丽的九龙江口海湾地区的装饰，是在 1937 年。从 1840 年开始的国家道路探索已跨越近百年时间，中国刚刚走向现代化的国家进程又一次被粗暴地打断。这一次，还是日本。

挟甲午海战的余威，日本人积蓄了岛国的力量，这个早先的三流国家，不再想和列强分享中国。

这一年 7 月 7 日，卢沟桥事变爆发。8 月 13 日，淞沪会战爆发。9 月 3 日，日本南支那舰队驱逐舰"箬竹""羽风""扶桑"号驶入九龙江口海湾。上午10时许,闽南第一炮打响,屿仔尾炮台与胡里山炮台、磐石炮台、白石炮台把怒火泻向日本舰队,日舰被压制到鼓浪屿西北角。下午2时许,日舰由鼓浪屿向青屿方向出逃,进入南炮台射域,一时海面火光四起。"箬竹"号在一片熊熊烈火中冲滩。

这次战斗中,华南战场第一次击沉日舰,九龙江口海湾地区战事,与淞沪战事形成呼应之势。在强敌压境、民族危难时,南炮台发出震天怒吼,振奋人心。

次年5月10日,日军第五舰队再次派出巡洋舰、驱逐舰、运输舰等30余艘及飞机10余架进攻厦门港。当密集的炮火从海上倾泻而来时,沿岸炮台相继失守。12日,南炮台在做最后的抵抗。13日,日机再次从军舰上起飞轰炸南炮台,战斗从清晨打到下午,南炮台失陷。

发生在九龙江海湾地区的这一场中日角逐,折射出1840年以后世界格局的调整。中国和日本两个一衣带水的邻邦走向不同的成长道路。第一次鸦片战争之后15年即1855年,美国黑舰在江户湾打开日本国门。这种征服,迅速赢得日本人的心,从此走上学习模仿西方的道路。在明治维新之后,开始有能力参与对上一个模仿对象——中国进行侵略与掠夺。五千年文明古国遭受的苦难,为她日后的崛起积累了全部民族情绪和力量。

不过七年,日本投降。再过四年,一个全新的国家在华夏大地诞生了。

南炮台在沉寂中,与海风相伴度过半个世纪。

1992年12月,招商局漳州开发区开工兴建。56平方千米的规划面积,把屿仔尾包括在内。九龙江海湾地区也就是现在的厦门湾南岸,开始以自己的方式,重新和世界经济接轨。

2007年,漳州开发区重新修缮南炮台,南炮台成了海防文化景点和爱国

主义教育基地，用自己身上的累累弹痕，讲述那些往事。

2017 年 9 月，"金砖会议"在屿仔尾对岸厦门召开，中国、印度、巴西、南非，那些旧日的殖民地半殖民地国家首脑聚首讨论开展全球治理和区域合作、共促全球经济增长的热门问题。

历史的写法有很多种，而这一次最与众不同。

南炮台西门 / 朱松林 摄

厦门胡里山炮台

胡里山炮台位于厦门岛东南端的胡里山海滨,三面临海,地理位置险要,是厦门港清末至民国时期最重要的海防要塞,扼守着厦门岛南水道的咽喉,被称为"厦门要塞,天南锁钥"。

胡里山炮台前身是厦门石壁炮台。石壁炮台毁于1841年的抗英保卫战。清光绪十四年(1888年),闽浙总督卞宝第奏请建造新式炮台,并计划购置德国克虏伯大炮。但筹建过程异常艰难,在两任闽浙总督的努力下,历经22年终于"凑集成数"。光绪二十年(1894年)正式动工修建胡里山炮台,光绪二十二年(1896年)十一月初八竣工。

胡里山炮台占地总面积7万多平方米,城堡面积1.3万多平方米。分区明确,由南到北分为战坪区、兵营区和后山区。主附设施包括东西主炮台、副炮台、战坪、暗道、弹丸库、东西兵营、军装房、官厅、演武场、山顶瞭望厅、城墙、城垛等。其中,主副炮位所处的战坪区是炮台防御体系的核心区域,由上至下分为三层,各层以暗道相连。第一层安置炮位,作战室及供弹室位于第二层,底层布置弹药库,并以暗道与后山军火库相连。除战坪区外,胡里山炮台的防御工事还包括后山的城墙和围绕整个炮台的壕沟和掩体。后山城墙沿山而筑,墙高约6米,厚1.8—2米。城墙上建有炮口和观察所,是炮台后方的保护屏障。壕沟和掩体的范围由战坪区延伸至官厅,壕沟深约2米,宽约3.4米,单兵掩体为半月形。

胡里山炮台自建成起共经历了三次战役,均取得胜利。1949年后,炮台失去了对敌防御功能,逐渐被开发为爱国主义教育基地和旅游景点。1986年,胡里山炮台管理处对炮台进行维修并开放参观。1996年被公布为全国重点文物保护单位。2006年至2013年,胡里山炮台景区逐渐建设完备。

 威名远扬古炮台

曾志宏

　　前往胡里山大门的道路旁，种满了一排百年古榕，气须被修剪得整整齐齐，百年古榕一直排列到了胡里山炮台里面的石阶两旁。古榕下的石板上，镶嵌着各式炮弹的复制品和炮台的景区历史介绍石刻。

　　这里是炮台的西大门，进入大门后就到了后山区，眼前是一片沙生植物，清脆的鸟鸣伴着花香，如今的胡里山炮台犹如公园般美丽幽静。时间已近下午四点，刚好赶上炮台特有的表演项目"红夷火炮清兵操演"，以整个炮台为表演场地，真实再现了清代红夷大炮炮兵操演及发射的过程。短短十五分钟的表演很生动，演员很投入，我不由联想起厦门经历的那些悲怆与灾难，曾几何时，战争离我们很近很近。

战坪区一角/李翠琴 摄

329

　　一直以来，厦门的地理位置十分重要，是我国东南沿海对外贸易的重要口岸，同时也是南北航线、东南亚航线重要的枢纽站。胡里山炮台位于厦门岛东南端海岬突出部，三面环海：向东可支持白石炮台，提前将敌舰拦阻在厦门水道之外；南面和对岸的屿仔尾炮台隔海相对，互为犄角，炮火交叉可封锁阻击厦门航道之敌舰；向西可追击进入厦门港的敌舰，守住厦门港；向北可支持陆军阵营等，故被称为"厦门要塞，天南锁钥"。

　　第一次鸦片战争后，英国侵略者一再侵犯厦门，闽浙总督在厦门岛南岸构筑石壁炮台，也就是胡里山炮台的前身。1841 年 4 月，英军首战进攻厦门，在英军的坚船利炮面前，清军毫无招架之力，不到二十分钟，号称"当时中国最坚固的线式永久性炮兵工事"石壁炮台失守，闽海国门顿时洞开。

　　客观上说，先进的武器装备是确保战争获胜的重要砝码。回望中国百年来痛苦屈辱的历史，因为工业、科技和经济基础等方面巨大的差异，我们付出了极其惨重的代价。历史的教训，应当永远铭记。落后就要挨打，弱国无外交，强大才有尊严。举个例子，当时英国军队都已使用来复枪作战了，而清军多数

克虏伯后膛大炮 / 曾志宏 摄

军队还在使用冷兵器，有点火器的都是滑膛枪，还没有等你冲到敌人面前，敌人已在两三百米外就把你打倒了。这样的仗，你说怎么打？最后腐朽的清政府被迫同列强签订了一系列丧权辱国的不平等条约。这是近代史以来中国所得到的最大启示，是一个现实但又苦涩的真理。

1874 年，在洋务运动的推动下，清廷拟在原址附近建造新型近代化的胡里山炮台，但白银约需 30 万两。此事一波三折，历尽艰难，经过两任总督 22 年的不懈努力才得以实现。1894 年，胡里山炮台正式动工修建，1896 年十一月初八竣工。

看完清兵操演后，我穿过"独木成林"、战坪区，来到了兵营区。胡里山炮台的官厅、兵营、弹药库均为下沉式，用条石作拱屋顶，屋面用十二寸红砖铺就，和炮台地面平行。沿西营影院前方小门左拐，进入暗道，暗道内有影院放映《金门炮战》以及克虏伯大炮子（弹丸）库可以参观。暗道上面，有一处瞭望台，曾经是福建前线解放军的前沿瞭望哨阵地。

走过瞭望台，终于看到克虏伯大炮的英姿。记得还是小学生时，学校曾经组织我们到胡里山炮台进行爱国主义教育，当时幼小的心灵就对威风冷峻的大炮感到莫名的敬畏。今天再次看到克虏伯大炮，我这才注意到当年未曾留意的各种细节。没想到一百多年过去了，克虏伯大炮各个局部，包括轨道、炮身、转盘和运输弹头的轨道和小车依然油光水滑，毫不生锈。对比旁边灰头土脸的清朝自铸大炮，简直天壤之别，由此可见当时清政府和欧洲列强之间技术差距之大。

从 1876 年到民国初期，德国克虏伯兵工厂总共卖给中国各种类型、各种口径的大炮 1973 门，现在全世界仅剩胡里山炮台一门，完整地保留在原址上，它是当今世界上仅存的室外巨型钢质珍贵文物，经国家文物局和德国克虏伯历史档案馆确认为"世界现存 19 世纪制造的、完整保存在炮台原址上最大的

后膛海岸炮"，这就是胡里山炮台能够闻名遐迩的主要原因。炮台原有两门克虏伯大炮，1958年"大炼钢铁运动"时西炮台大炮被拆毁，现仅存东炮台大炮一门、护炮二门。

日本有意侵华以来，厦门常常成为日军窥伺的目标。1900年8月，日军甚至公然派兵登陆厦门，妄图独占厦门。消息传到胡里山炮台，守卫官兵立即掉转大炮炮口，对准鼓浪屿日本领事馆和海面的日舰。日军慑于大炮的威力，不得不撤兵回舰。1937年9月，日本南支舰队的十几艘军舰想从胡里山炮台打开个缺口，在飞机的掩护下，多架巡洋舰和驱逐舰突然开到大担岛灯塔前面，列成阵势向厦门发炮轰击。以胡里山炮台为首的炮台群不甘示弱，马上还以颜色，克虏伯大炮的穿甲爆破弹拦腰击中了日军"箬竹"163号舰的轮机部位。日军看情况不妙紧急撤退，但"箬竹"号还是在劫难逃，沉没于龙海海域。此次战役首开中国战区击沉日舰的辉煌战绩，极大鼓舞了全中国人民的抗战斗志。

胡里山炮台还有另一尊大炮值得一提，它是国内外现存唯一的"铁模"铁炮，由清朝兵器专家龚振麟创造的铸炮法铸造，大大克服了泥模制炮看天吃饭、耗时过长、一次性、失败率高及成本过高等限制因素，成为中国近代少有

前膛炮 / 曾志宏 摄

的一项领先世界的科技成就。

　　昔日战场的硝烟已经散去，炮台卸去曾经肩负的历史使命，成为一个旅游文化休闲空间，用全新的方式向人们讲述着那段难忘的历史。我绕着炮台走到炮口前面，大炮前围着很多游客，他们正互相招呼着在大炮前合影留念。我的目光却被一个白发苍苍的老妇人所吸引，她身材瘦削，不发一言，吃力地拄着拐杖，几次仰头俯视着克虏伯大炮，目光沉重中又带着几分欣慰，旁边的几位陪同正在对着她说些什么。

　　片刻，我继续沿着窄窄的石阶，走到炮台旁边的顶层上，顶层摆放着两尊克虏伯小炮，炮口依然对着海面。已是日落时分，深灰浅灰的乌云在天空不断聚拢，海面灰蒙蒙一片，近晚的海风正吹得紧，数十只叫不出名字的鸟在海风中不停地翻飞，几艘轮船在水汽氤氲中略显苍茫，远处的海岛则是一片肃穆苍青。没过多久，暮色开始漫上山脚边的海滩，迎面的山石沉默灰苍地立着。看到眼前这一幕，我仿佛回到了厦门那段苦难的岁月。1938年厦门沦陷，原有约18万人口，战争中大量市民逃难，至沦陷时已骤降到1.3万人，侵略者大肆

铁模炮／曾志宏 摄

小炮／曾志宏 摄

屠杀村民，造成许多家破人亡的惨剧。新中国成立初期，这里的海滩上挖掘出一个万人坑，里面是累累白骨，令人触目惊心。民族的伤疤需要一代代人铭记，只有了解了民族曾遭受的屈辱，才能体会经过浴血奋战、艰苦奋斗、攻坚克难建立起来的共和国有多么的不易，才能明白和平的背后是国力，才能明白在你我每日安睡的背后，是多少军人在彻夜戍守国门。哪有什么岁月静好，只是因为有人在为你负重前行！此刻，我对在战争岁月里保家卫国英勇作战的将士们更加敬佩，对修建炮台而流血流汗的军民更加肃然起敬。

西炮台／曾志宏 摄

兵营遗址／曾志宏 摄

感谢祖国如此强大，随着我国经济不断发展，综合国力日益强大，军事武器装备也正在迎头赶上。今天的古炮台遗址，依然屹立守望着这片土地，让人们抒发思古之情的同时，更加发愤图强，去实现伟大的中国梦！

福建省级以上文物保护单位名录

（城垣城楼）

一、全国重点文物保护单位

名称	地点
汀州城墙	龙岩市长汀县汀州镇
汀州宝珠门城楼	龙岩市长汀县汀州镇
汀州朝天门城楼	龙岩市长汀县汀州镇
汀州三元阁城楼	龙岩市长汀县汀州镇
崇武城墙	泉州市惠安县崇武镇崇武半岛东端海滨
城村汉城遗址	南平市武夷山市兴田镇城村
镇海卫城址	漳州市龙海县隆教畲族乡镇海村临海山
德济门遗址	泉州市鲤城区天后路
赵家堡—诒安堡	漳州市漳浦县湖西畲族乡赵家城村、城内村

名称	地点
马江海战炮台、烈士墓及昭忠祠	福州市马尾区昭忠路 1 号
亭江炮台	福州市马尾区亭江镇南般村闽江边的小丘陵上
胡里山炮台	厦门市思明区曾厝垵路 2 号

二、省级文物保护单位

名称	地点
新店古城遗址	福州市晋安区新店镇古城村
龙头山寨遗址	厦门市思明区鼓浪屿日光岩

名称	地点
水操台遗址	厦门市思明区鼓浪屿日光岩
厦门所城墙	厦门市思明区新华路
同安城墙	厦门市同安区大同街道三秀路
六鳌城墙	漳州市漳浦县六鳌镇
悬钟所城墙	漳州市诏安县梅岭镇南门村
福全所城	泉州市晋江市金井镇福全村、溜江村
古谯楼	莆田市荔城区文献路 42 号
莆禧城墙	莆田市湄洲湾北岸经济开发区山亭镇莆禧村
平海卫城隍庙	莆田市秀屿区平海镇平海村
建瓯通仙门	南平市建瓯市建安街道仓长路
上杭城墙	龙岩市上杭县临江镇临江路
廉村城堡	宁德市福安市溪潭镇廉村
潋城城堡	宁德市福鼎市秦屿镇潋城村
玉塘城堡	宁德市福鼎市桐城街道玉塘村

名称	地点
石兰城堡	宁德市福鼎市硖门畲族乡石兰村
大京城堡	宁德市霞浦县长春镇大京村
传胪城堡城墙	宁德市霞浦县长春镇传胪村
外浒城堡	宁德市霞浦县下浒镇外浒村
八堡城堡	宁德市霞浦县沙江镇八堡村
铜山城墙	漳州市东山县铜陵镇公园社区
燕尾山午炮台遗址	厦门市思明区鼓浪屿街道鼓浪屿燕尾山顶
长门炮台	福州市连江县琯头镇长门村电光山
菜埔堡	漳州市云霄县火田镇菜埔村
莆美堡	漳州市云霄县莆美镇莆东村、莆南村、莆北村、莆顶村
东石寨	泉州市晋江市东石镇白沙村
双城城堡	宁德市柘荣县双城镇

其他图片来源

P3 福州府城：陈建国 摄

P13 泉州府城：许兆恺 摄

P21 汀州府城：修松 摄

P31 建宁府城：王敏 摄

P39 邵武府城：戴健 摄

P47 松溪县城：省党史和方志办 供图

P55 上杭县城：林杉 摄

P63 崇安县城：吴心正 摄

P71 和平分县城：郑素容 摄

P83 平海卫城：许紫阳 摄

P91 镇海卫城：占冀源 摄

P99 梅花所城：颜家蔚 摄

P107 万安所城：龚张念 摄

P113 定海所城：王成耀 摄

P121 厦门所城：郭佳 摄

P129 大京所城：郑德雄 摄

P135 莆禧所城：占冀源 摄

P143 崇武所城：姚洪峰 摄

P149 福全所城：刘剑聪 摄

P157 六鳌所城：林杜鸿 摄

P165 铜山所城：林杉 摄

P173 悬钟所城：伦宇 摄

P181 琴江水师旗营：王立涵 摄

P193 鼓浪屿龙头山寨：曾志宏 摄

P201 闽安巡检司城：唐伟 摄

P213 小岞巡检司城：占冀源 摄

P221 柘荣双城城堡：陈开秀 摄

P226—227 双城城堡上城：陈开秀 摄

P229 福安廉村城堡：陈秀容 摄

P236 廉村古道：许少华 摄

P237 霞浦传胪城堡：陈永迁 摄

P245 霞浦八堡城堡：吴美英 摄

P253 福鼎潋城城堡：省文物局 供图

P261 福鼎玉塘城堡：白荣敏 摄

P269 福鼎石兰城堡：杜海鸣 摄

P277 漳浦赵家堡：姚洪峰 摄

P284—285 赵家堡府第：姚洪峰 摄

P287 漳浦诒安堡：洪宗江 摄

P299 马尾亭江炮台：唐伟 摄

P307 连江长门炮台：林丽钦 摄

P317 漳州港南炮台：伦宇 摄

P327 厦门胡里山炮台：曾志宏 摄

说明：丛书内文中的图片一般在原图相应位置标注图片来源，各个辑页的题图以及某些内文底图无法在原文标注图片来源，则统一在此处注明。

后　记

　　本丛书于 2018 年 5 月正式启动，由福建省人大常委会环城工委、教科文卫工委牵头，会同省住房和城乡建设厅、省文化和旅游厅、省新闻出版局、省党史和方志办、省文物局、海峡出版发行集团、省文联和省文物考古博物馆学会等多个部门和学术团体参与编写。

　　为圆满完成丛书的编写出版工作，我们成立了福建古建筑丛书编辑委员会，负责丛书编辑出版原则的制定、编写提纲的审核、编辑出版工作中重要事项的协调以及对丛书全部内容的审定等；成立了福建古建筑丛书编辑部，具体负责稿件的组织征集、图文编辑以及出版发行等事务。为了切实保障丛书的质量，我们还成立了福建古建筑丛书学术专家组，由中国文物学会副会长、福建省文物考古博物馆学会理事长郑国珍担任组长，厦门大学建筑与土木工程学院教授戴志坚、福州大学建筑学院人居环境科学研究所所长张鹰担任副组长，负责丛书的学术问题总把关。

　　丛书邀请以下各位专家分别担任各分册主编，负责各册的选目以及概述和每一处建筑说明文字的撰写，并对本册相关内容进行审核。

　　《城垣城楼》主编　许为一（福建省传统村落与历史建筑研究中心副主任）

《土楼堡寨》主编　龚张念（福建博物院副院长、研究馆员）

《府第民宅》主编　李华珍（福建工程学院建筑文化研究所所长、建筑与城乡规划学院副教授）

《文庙书院》主编　林　峰（福建省文物保护中心主任、研究馆员）

《古道亭桥》主编　楼建龙（福建博物院考古研究所所长、研究馆员）

此外，福建工程学院建筑与城乡规划学院田梅霞参与了《城垣城楼》一册内容的编写。福建博物院肖振家参与了《土楼堡寨》一册的编写，福州大学建筑学院人居环境科学研究所教授李建军提供了其中的部分相关资料。周文博、游小倩参与了《文庙书院》一册相关内容的编写与资料收集工作。福建博物院梁源、张涛、陈闻达、杨俊等人参与了《古道亭桥》一册的资料收集。

丛书散文随笔，委托省作协、各设区市作协等单位征集组稿，邀请相关作者撰写。丛书图片，委托省作协与摄协、各设区市作协与摄协、省党史和方志办、省文物局等单位征集，部分图片由丛书专家、作者提供。

丛书从编写到出版的整个过程，得到了各参与部门和各位专家、作者、摄影者以及社会各界朋友的大力支持，在此，谨致以最诚挚的谢忱！

需要说明的是，因丛书征集文章与图片来源涉及面广，其中个别散文篇目与少量图片，有关部门在交稿时没有附上原著作者、摄影者姓名及联系方式，请相关著作权人及时与出版社取得联系，以便出版单位及时支付相应的稿酬。

福建古建筑丛书编辑部

2020 年 6 月

图书在版编目（CIP）数据

城垣城楼/福建古建筑丛书编委会编. —福州：
福建教育出版社，2020.9（2020.12 重印）
　（福建古建筑丛书）
　ISBN 978-7-5334-8524-5

　Ⅰ.①城…　Ⅱ.①福…　Ⅲ.①古建筑—介绍—福建
Ⅳ.①K928.71

　中国版本图书馆 CIP 数据核字（2019）第 187427 号

福建古建筑丛书
Chengyuan Chenglou

城垣城楼

福建古建筑丛书编委会　编

出版发行	福建教育出版社
	（福州市梦山路 27 号　邮编：350025　网址：www.fep.com.cn
	编辑部电话：0591-83716932
	发行部电话：0591-83721876　87115073　010-62027445）
出 版 人	江金辉
印　　刷	福州华彩印务有限公司
	（福州市福兴投资区后屿路 6 号　邮编：350014）
开　　本	710 毫米×1000 毫米　1/16
印　　张	22.5
字　　数	294 千字
插　　页	2
版　　次	2020 年 9 月第 1 版　2020 年 12 月第 2 次印刷
书　　号	ISBN 978-7-5334-8524-5
定　　价	98.00 元

如发现本书印装质量问题，请向本社出版科（电话：0591-83726019）调换。